不打不骂，穷养男孩的100个细节

（第一册）

宿文渊　编著

中国华侨出版社

图书在版编目(CIP)数据

　　不打不骂，穷养男孩的100个细节/宿文渊编著．—北京：中国华侨出版社，2014.12

　　ISBN 978-7-5113-5070-1

　　I.①不… Ⅱ.①宿… Ⅲ.①男性－儿童教育－家庭教育 Ⅳ．①G78

　　中国版本图书馆CIP数据核字(2014)第297064号

不打不骂，穷养男孩的100个细节

编　　著：宿文渊

出 版 人：方　鸣

责任编辑：子　轩

封面设计：彼　岸

文字编辑：万永勇

美术编辑：刘欣梅

经　　销：新华书店

开　　本：710mm×1040mm　　1/16　　印张：52　　字数：678千字

印　　刷：北京中创彩色印刷有限公司

版　　次：2015年1月第1版　　2015年1月第1次印刷

书　　号：ISBN 978-7-5113-5070-1

定　　价：296.00元（全四册）

中国华侨出版社　北京市朝阳区静安里26号通成达大厦三层　　邮编：100028

法律顾问：陈鹰律师事务所

发 行 部：(010) 58815874　传真：(010) 58815857

网　　址：www.oveaschin.com

E-mail：oveaschin@sina.com

如果发现印装质量问题，影响阅读，请与印刷厂联系调换。

前　言

把一个浑身上下满是棱角的男孩养育成才非常不容易。由于性别差异，男孩与女孩之间有着太多不同：男孩精力旺盛调皮捣蛋，所以身上总是麻烦不断；男孩自控能力较差，常常禁不住外界的诱惑；男孩具有强烈的金钱欲，很容易会被金钱所诱；男孩的自尊心极强，他们很容易做出莽撞的事情来……面对男孩成长过程中出现的种种状况，家长往往也是一个头两个大：我们究竟该怎么办？

男孩穷养就是最好的方法。俗话说"穷人的孩子早当家"，顶天立地的好男孩一定是穷养出来的！有句话说，天将降大任于斯人也，必先苦其心志，劳其筋骨，饿其体肤，如此才能修身齐家治国平天下。所以，无论家境多好，对男孩绝对不能宠，必须穷着养，让他吃得苦中苦，从吃苦中使他的意志得到磨炼，培养其艰苦朴素、吃苦耐劳的作风，仁义孝道的思想，让他从小就明白生活的艰辛。如此，将来方可担负起社会和家庭的重任。相反，一个男孩如果兜里从来都有大把的金钱可支配，他的大脑自然会更多思考"如何花钱"的问题，而不是"如何赚钱""好好学习"或"如何才能提高自己的能力"……慢慢地，金钱浸润下成长的男孩，也就走上了人生的弯路。无数例子告诉我们，过多的物质和金钱不仅难以培养男孩独立面对未来的能力和魄力，反而会将他本应具备的能力和积极进取之心彻底地埋葬。正是从这个意义上说，穷养男孩才有了更为深刻的内涵。

做男孩的父母就得"狠"一点，就要狠心穷着养。家长将男孩奉为家里的"小皇帝"，对其溺爱无度，就会养育出个"扶不上墙"的"啃老族"。家长对男孩狠一点，懂得"穷养"男孩的真谛，在其成长过程中赋予他一定的能力，培养他良好的品格，男孩就能顺利成长为一位的男子汉！今天对男孩"狠心"，明天才能对男孩"放心"。而穷养男孩的实质是培养男孩自立自强，成为勇敢出色的男子汉。穷养中的磨砺会成为蕴藏在男孩内心深处的取之不尽的资本，让他受益终生。正如心理学家威廉·詹姆士所说："播下一个行动，收获一种习惯；播下一种习惯，收获一种性格；播下一种性格，收获一种命运。"穷养的男孩，将来步入社会后更容易适应环境、承受逆境，具备独立支配自我的能力。父母望子成龙不能等，从小就要穷养男孩，为儿子将来有出息打下基础。当然，穷养男孩并不单纯指让男孩在物质上、金钱上克勤克俭，更是指磨炼着养男孩、锻炼着养男孩。

本书结合男孩的特点个性以及成长规律，从不同角度出发，为男孩的父母提供了一套成功教子方案，使男孩的父母们掌握教育的正确方向和科学方法，真正教到点子上，是每一位望子成龙的父母的必读书。本书深刻分析了男孩与女孩的不同之处、男孩天性中的优缺点，以及父亲和母亲在养育男孩过程中所应起到的不同作用，统揽男孩成长过程中的教育问题及解决办法，全面介绍男孩的身体、心理、情绪、性格、天赋、学习、潜能等各个方面的培养，如怎样穷养出有上进心的男孩，如何锻造男子汉特性，如何激发男孩的潜能，如何引导男孩爱上学习等，指导父母教出有素质、有能力、有眼光、有魄力的卓越男孩。书中综合介绍了国际著名教育家老卡尔·威特、蒙台梭利、多湖辉等的教育理念，最有助于发展男孩天性的教育方法，以及透视男孩成长所应掌握的心理学，如攻击性心理、杜根定律、投射心理等，有效解决了最令男孩父母头疼的难题，如如何说男孩才会听、如何避免男孩成为"娘娘腔"、男孩如何安全度过青春期、怎样令男孩学会应对挫折等。静心阅读，用心思索，掌握了这些穷养男孩的细节，你就会发现，想要养育出一个出类拔萃的男孩并不是多么困难的事情！

目 录

绪 论

第一章 男孩为什么要穷养
——男孩的成长充满"危险"因素

第二章　爸爸是男孩的榜样
——爸爸的性格决定男孩的性格

第三章　严是爱，溺是害——妈妈对待男孩要"狠"一点

第四章　零吼叫养出 100% 好男孩
——父母这样和男孩沟通最有效

不打不骂，穷养男孩的一〇〇个细节

目录

绪　论

穷养的真正内涵

1919 年小西奥多竞选纽约州议会席位。有人称他靠父亲的声望竞选，他答道："是我在竞选……并不是我父亲。"这是他鲜明的"独立宣言"。

小西奥多竞选失败后，父亲罗斯福写信鼓励他，信的大概内容是：

在你做决定的时候，最好的情况是你选择了正确的决定，其次是做出了错误的决定，最差的就是你什么决定都没做。我们每个人都是独立的个体，所以做人要独立，要敢于做出决定。即使失败了，也没关系，因为你已经能做自己的主人了。记住：只要学会独立，总有一天你会取得成功的！

与西奥多·罗斯福的做法相反，现实生活中，许多孩子的父母，不重视孩子生存能力的培养，千方百计地给孩子创造安逸舒适的生活条件，一点困难和磨难也舍不得让孩子受，致使有的孩子到了中学，甚至到了大学，离开了父母就不会独立生活，处处表现出懦弱、畏缩、无能，这样的孩子将来恐怕难有出息。缺乏独立生存和自理自立能力，缺乏生存困境的磨砺，就很难成为生活的强者。家长的责任应该是培养孩子生存和自我保护的本领，使他们有勇气去面对生活中可能出现的危险与困难。伟大的科学家爱因斯坦回顾自身的教育经历，在一篇《论教育》的讲话中曾深刻指出："发展独立思考和独立判断的一般能力，应当始终放在首位，而不应当把获得专业知识放在首位。如果一个人掌握了他的学科基础理论，并且学会了独立地思考和工作，他定会找到他自己的道路。"

自立是生存的开始。如果要让孩子在生活中自立，就要养成他自理的好习惯，自己能做好的事一定要靠自己的力量做好。因为孩子们迟早要独自面对这个社会。如果说长辈的呵护是一篓鲜嫩的鱼，那么自理就是一根鱼竿。鱼总有吃完的时候，孩子们只有得到钓鱼的鱼竿，才能保证在未来的生活中衣食无忧。

然而，在现在的青少年朋友中，具有自理能力的人实在太少了。根据中国青少年研究中心"中国城市独生子女人格发展状况调查"显示，20％的青少年明确表示"缺少生活自理能力"；18％的青少年"做事依赖别人"；28％的青少年"很少帮助家长干活"。

国内有一位著名的青少年教育专家曾忧心忡忡地说，青少年在父母如此"周到"的服务、如此"严密"的保护中，自理行为大大减少，对成年人依赖性越来越强。很多青少年都将父母的呵护当作"拐杖"，可是却没有想过，一旦离开了"拐杖"，自己就寸步难行。

我们要让孩子知道我们不可能帮他做所有的事，因此必须培养他们的独立能力。那么，具体我们该怎么做呢？

1. 要养成独立生活的意识

有研究表明，如果能够从父母身上得到充分的支持和爱，男孩会比女孩更早地走向独立。通过对 6 个月的男女婴的对比实验，可以发现，面对困难的时候，男婴已经开始试图通过自己的探索尝试解决问题的途径，而不是借助哭泣等手段。因此，孩子不够独立我们应该在自己的身上找原因。我们总是娇惯孩子，不愿意让孩子"受苦"，怕他不小心磕着或碰着。另一方面是父母怕麻烦，有些父母说："有教孩子做事情的那些时间，自己也就替他做好了。"很多的事情包括力所能及的事都不用孩子做，从而剥夺了他们生活自理的机会。这是当今独生子女普遍缺乏自理能力的主要原因。

事实上，这种完全忽略自理能力培养的心态，既害了孩子，也害了父母。因此，强化培养自理能力的意识是很有必要的。

2. 让他养成动手的习惯

在训练自理能力的时候，除了训练孩子管理自己的日常生活以外，还要特别强调训练他学做家务。如让他自己做早点，洗袜子，拿牛奶，买东西等。同时，可以对孩子提出切合实际的要求并做具体的技术性指导，即使是洗手帕、洗碗碟或收拾房屋也要注意这一点。

3. 要正确地对待孩子的错误

有时候，孩子由于年龄小，认识水平不高，考虑问题不周全，力气小，在做事的过程中，难免会出现一些失误。不要指责他，更不能惩罚他。对于有失误的地方，要帮助他分析原因，找到问题所在，以提高操作的技能和水平。这样，既能保护孩子自理生活的自觉性、积极性，培养良好的心理品质，又能逐步走向成熟，不断提高自己的认识水平和自理生活能力。

如果孩子总是做得不好，也切不可性急。要以鼓励为主，肯定孩子做得好的方面，在此基础上找出不足之处，从而为下一次避免失误找到方法。这样不仅可以锻炼孩子的自理能力，而且极大地增强了自信心，对促进孩子的身心发展将产生积极作用。

男孩应该粗放式养育

　　一位父亲去美国考察，一天正遇风雪天气，看到一群小学生，穿着短短的羽绒衣，单薄的裤子，敞着领子，背着沉重的书包，在大街上困难地行进，并没有汽车接送，也没有家长陪同。孩子们小脸冻得红红的，欢笑着，跳跃着，没有一个愁眉苦脸的。这位父亲回国后，对正上小学三年级的儿子讲了美国看到的情况，对他说："从明天开始，你自己上学去，不再由大人接送了。"话音未落，孩子"哇"的一声大哭起来。问他为什么让他自己上学就哭，"是不认得路吗?"摇头，"怕过马路车多吗?"还是摇头。到底为什么呢? 他抽泣着说："人家都有人接，我没人接，多没面子呀!"原来如此。

　　家长们"众星捧月"般的娇纵，无异于为孩子们建起了一座座坚不可摧的壁垒，最终将孩子囚禁成"鹦鹉人""金丝鸟"，无法具备独立的人格，这样的孩子必将在未来的社会中尝遍苦头。"育子何妨粗放些"，有专家曾如此呼告——因为，我们的孩子需要粗放式的教育方式。

　　作家毛志成在他的文章里，也有着这样的感慨：

　　一件小小的往事，在我的记忆中时时闪烁，30 年不褪色。

那一年冬天，好冷好冷。积雪久久不化，继续酿造着令人恐惧的低温。有一天，我夜宿某个山村，房东将一对八九岁的双胞胎男孩打发到我屋里同住。两个小东西脱得赤条条的，同钻一个被窝，好一通打打闹闹之后才睡着。第二天一早，两个小东西刚睁开眼，又是一通"被窝战"。后来，一个跳下炕，向室外跑去，另一个也跳下炕，穷追不舍。室外是零下23度的严寒。

我穿衣下炕之后，走到户外，不禁惊愕了，两个小东西正在雪地上滚作一团，做"相扑"状。其母出来抱柴，只是漫不经心地骂了一句"总是抽风"，随即便取柴回院，未显示出任何惊愕。其父出来担水，只是瞭了一眼，什么话也未说，看来他已司空见惯。那时我20岁，尚未觅偶，不过心中却暗暗祈祷："生子当如此儿！"

我很崇敬这对父母，认为他们简直是培养男孩的行家。

对待男孩，不必有太多的呵护，松开你捧着、掖着的双手，让他们从摸爬滚打中成长，当有一天他们从生活的泥淖中站起来的时候，他们将拥有一副折不弯、压不软的硬骨头。

温室的花朵是经不起风雨的，过多地呵护和娇纵养出的孩子经不起生活的考验，这样的男孩必将在未来的社会中尝尽苦头。

不要让男孩坐享其成

都说智商、情商和财商是综合能力的三驾马车，智商已经被众多的教育家们说"烂"了，情商在教育界正当红。论资排辈，财商还要算是新事物，有远见的家长们正在慢慢接受它。

金钱不是万能的，没有金钱是万万不能的。谁都不希望自己的男孩将来是一文不名的穷光蛋，更不想孩子的一辈子都由家长来买单——那样的男孩永远不知道成功的滋味。男孩有所成就，比家长自己有成就更令人高兴，"青出于蓝而胜于蓝"。培养男孩的理财意识是大势所趋，会理财的人，能在有限的条件下生活得很好，而不会理财的人，不管挣了多少钱都不能提高生活质量。

金钱是社会的通行证之一，人们拿它来衡量不同的创造。也就是说，必须要有创造，才能有财富。没有创造，就只能受穷了。所以，财富教育的第一课，仍然是勤劳。

马克·吐温说过：自己只有通过努力和辛勤的汗水换来的收获才是最真实的，也只有勤奋才是通向成功的必由之路。

美国的家庭教育就是以培养孩子富有开拓精神、成为一个自食其力的人为出发点。父母会让男孩从小就树立自立精神，即便是富豪子女，也要外出体验打工。美国前总统里根的儿子，就不靠父亲的权力来为自己安排舒适的工作，而是靠自己的能力去奋斗。

而中国的父母则很缺乏这样的意识，他们习惯为男孩创造最好的物质条件，尽量不让男孩受苦。但是，每个人的一生都不是一帆风顺的，一个人如果习惯了坐享其成、养尊处优的生活，将来一旦面对困难该怎么办呢？男孩总有一天是要长大的，他们总有一天需要自己去工作、去独立生活，父母不可能永远跟着他。

据不久前的一项抽样调查显示：上海高中生对家务劳动的疏远程度，达到了令人吃惊的地步。调查表明，高中生近六成起床不叠被子；五成从不倒垃圾，也不扫地；七成不洗碗，不洗衣服；九成从不洗菜做饭。还有部分高中生什么家务也不做，个别人连整理书包都还要家长代劳。

是现在的男孩真那么懒，不肯做家务劳动吗？其实不然，调查结果出人意料，有82％的高中生表示愿意做家务，36％的学生认为做家务很开心，是一种乐趣，有40％的学生说家长不让做家务，也从不教他们怎么做。

家长理由是：他还只是个孩子，他现在的任务就是学习，这些事等他长大了再学也不迟。这些家长的一片"苦心"，使男孩们不仅不会做家务，养成了衣来伸手、饭来张口的习惯，以为别人为自己做什么都是应该的，却不知道自己也有关心与帮助别人的一份责任。

苏霍姆林斯基认为：体力劳动对于小男孩来说，不仅可以获得一定的技能和技巧，也不仅是进行道德教育，而且还是一个广阔无垠的、惊人的、丰富的思想世界。这个世界激发着儿童道德的、智力的、审美的情感，如果没有这些情感，那么认识世界（包括学习）就是不可能的。

为了男孩将来能更好适应社会，让男孩了解父母的辛苦与不易，家长可以在男孩上小学高年级或初中时，周期性地让男孩当一天（或两三天）家，是一个行之有效的办法。

具体的操作方法：找一个周末，让男孩为第二天的生活与活动安排做一个预算与计划，然后从明天早上起床开始，就由男孩上岗指挥与组织一天的家务与游玩。父母则在男孩指挥下加以配合，需要多少钱，买什么菜，到哪里玩，坐什么车，走哪条路线，均由男孩来筹划。父母要放手、信任，不要干预，即使男孩安排得不是最合适，也不要当即否定，而是等第二天再与他一起总结，先让他自己提出改进意见，然后再补充。相信男孩对这样的活动定会兴致很高，也会十分用心和负责任，快乐与收获定会出乎你的意料。

其实每个男孩身上都隐藏着勤劳的种子，小时候他们往往看到妈妈擦桌子，就迈着小步伐跑过来想帮妈妈擦；长大点看到妈妈做饭，就跑去厨房给妈妈打下手，但是碰到这种情况时，我们的父母常常会说："你干不好，让妈妈来。"或者说："一边看书去，别来打扰我做饭。"男孩心中勤劳的小火苗，就是这样慢慢被父母熄灭了的。等父母发现孩子变得越来越懒的时候，想重新点燃它，就会变得异常困难了。

作为父母，如果想教育男孩从小养成勤劳的好习惯，首先应该教导男孩有一个积极的劳动态度。

俗话说态度决定一切，要男孩养成良好的动手习惯，就先从改变他们对劳动的态度开始吧，你可以选择对男孩进行言传身教，多给他讲一些勤劳的故事，比如在勤奋中长大的商人李嘉诚、用勤奋换来的天才童第周，给男孩制造一个勤劳的家庭氛围，让他从意识上觉得劳动最光荣。只要养成男孩热爱劳动的习惯，燃起他们认真劳动的渴望，就能使男孩形成勤劳的性格。

让男孩尽早参与家务劳动，要讲究方法，你可以列出一张家务清单，让他每天依次照做。这样，不但可以培养男孩的独立性，也可以使男孩更有责任感。比如可以让男孩帮忙擦桌子、洗碗筷等。当男孩完成了你交给的任务后，要跟他说声"谢谢"，并给予适时鼓励。

千万别给男孩过多的保护

被喂养惯了的动物接受放养时，通常自己不会捕食。大自然的生存法则告诉我们：动物如果学不会自己捕食的话，就会被饿死。同样的道理，在父母的庇护下长大的孩子通常没有在社会上独自生存的能力。一旦父母因为一些原因无法顾及到他们，他们就只能被社会淘汰。

由于现在独生子女居多，几代人的关心与爱护都集中在一个孩子身上，家长会为孩子们铺路——替他穿衣，替他系鞋带，替他安排工作，替他迎接挑战，一次，两次，一百次……这些孩子长大后依赖心理严重，凡事不想自己动脑筋，遇到事情首先就想到找人帮忙，而且这样的孩子惯于推卸责任，将来势必不为社会接受。

对儿童心理和脑力开发研究造诣颇深的日本杰出教育家多湖辉认为，增强孩子能力的最好办法，就是使父母成为"教育的实践者"。父母不仅要了解孩子独特的心理动态，而且应该针对不同孩子的个性特征，不断地在生活和学习实践中摸索了解教育孩子的方法。而要求孩子帮忙多做家务，对于孩子来说，会起到比课堂更有效的学习效果。因为这不但可以提高他们动手实践的能力，而且孩子在实际动手过程中必须学会安排计划，这就促使孩子将家务活与学习时间调剂好，在做不同家务的同时，也培养了孩子的耐性和身体素质。

我国著名教育学家陈鹤琴先生曾说："凡儿童自己能够做到的，应该让他自己做；凡儿童自己能够想的，应该让他自己去想。"这是一句符合儿童成长规律的至理名言。其实，要让孩子脱离对别人的依赖，独立地发展和锻炼自己，走出成长的误区，并不是一件非常困难的事情。

有人说，中国孩子很累，中国父母更累。就像有的母亲所说："我一颗心都扑在孩子身上，可以说现在所做的一切都是为了孩子；只要孩子将来有出息，再苦再累我都愿意。"因为他们只有一个孩子，不想让孩子"输在起跑线上"……于是，家长们从孩子一出生就为他们设计好了人生。不幸的是，作为传承性很强的家庭教育，今天的父母并没有太多可以借鉴的经验。在这种情况下，父母为孩子设计好的人生计划，很有可能是自以为是的规划。孩子在成长的过程中，只能沿着这条道路前进，不能有"非分"之想。

著名的教育工作者孙云晓说："中国的父母正在辛辛苦苦地酝酿着孩子的悲剧命运，争分夺秒地制造着孩子的成长苦难。实际上，我们的父母在和自己作战，用自己的奋斗来击毁自己的目标。"作为家长，诚然我们不希望看到这样的结果，那么怎样做才是正确的呢？

1. 做力所能及的事情，培养孩子动手的习惯

家长不可能照顾孩子们一辈子，因此从小就应该让他学做一些力所能及的事情，比如洗衣服、收拾文具、帮父母拖地、洗碗等。只有从小事做起，才能逐渐培养起他们独立自主的精神。

2. 给孩子犯错误的机会，锻炼孩子的自立能力

要避免对孩子过度保护，我们首先应该充分尊重孩子的想法和意愿，放手让孩子自己拿主意，如果我们对孩子过度保护，因为怕孩子犯错，就一味地为他铺垫一切，事事拉着孩子的手，那么他在心理上永远都不可能长大。

第一章　男孩为什么要穷养

——男孩的成长充满"危险"因素

细节1　自控力差——男孩往往
对自己降低标准，放松要求

你心目中的小小男子汉是怎样的？一个做什么都唯唯诺诺、没有原则的男孩是你想要的吗？俗话说：没有规矩，不成方圆。对于男孩子的养育，尤其需要运用规则教育来强化他的性格角色定位。而现实中，因为爱子心切的缘故，父母常常在无意识的状态下，用自己漫无边际的爱淡化男孩子理应遵守的规则，还总认为诸如没有时间观念、不守规则的事情都只是小事一桩，没有较真的必要，殊不知这样才是真正害了孩子。爱孩子，就该教会他遵守规则。

"规矩"即是我们要遵从的社会规则，我们每个人都不是一个独立存在的个体，必然要和社会的各个阶层发生千丝万缕的联系，这就衍生出一种大众要信守的社会准则，这就使得我们每个人都不能游离于社会规则之外。

给孩子制定一定的规矩对培养孩子的自觉性是非常有效的方法。例如，教育他吃饭的时候不可以把饭粒撒到桌子上；在公共场合不可以大声吵闹，和其他小朋友游戏追逐；家人睡午觉的时候不要在屋子里吵闹；每个星期天都得把自己的房间整理干净等。

当孩子把规矩当成一种习惯的时候，他就会在潜意识里形成一种积极的状态，即所谓的"严于律己"。

我们都知道，"严于律己"之后还有一句话是"宽以待人"。男孩知道严于律己是好事，但是，他如果把这种纪律性推己及人，是无法在社会上立足的。严于律己乃为自省，当我们与他人相处的时候，要以宽为上，一个人若能对别人宽容，肯定是受人尊敬和欢迎的。

正如一句话所说："原谅别人，才能释放自己。"借着宽恕，我们释放了心牢里的犯人，而那个犯人，可能就是我们自己。一旦我们能舍得过去的一切，是福也好，是祸也好，让它们如烟消云散般飞去，原谅一切，这将会为我们打开新局面。

美国第三任总统杰弗逊与第二任总统亚当斯从反目为仇、恶言以对到宽容友好相处就是一个生动的例子。

杰弗逊在就任前夕，到白宫去想告诉亚当斯说，他希望针锋相对的竞选活动并没有破坏他们之间的友谊。但据说杰弗逊还未来得及开口，亚当斯便咆哮起来："是你把我赶走的！是你把我赶走的！"从此两人成为陌路人，直到后来杰弗逊的几个邻居去探访亚当斯，这个坚强的老人仍在诉说那件难堪的事，但接着毫无遮掩地说出："我一直都喜欢杰弗逊，现在仍然喜欢他。"邻居把这话传给了杰弗逊，杰弗逊便请了一个彼此皆熟悉的朋友传话，让亚当斯也知道他的深重友情。后来，亚当斯回了一封信给他，两人从此开始了美国历史上最伟大的书信往来。这个例子告诉我们，宽容是一种可贵的精神，体现了高尚的人格。

宽容意味着理解和通融，是融合人际关系的催化剂，是友谊之桥的紧固剂。宽容还能将敌意化解为友谊。

父母应告诉男孩，口袋里装满了宽容，就会与人方便，与人方便就是与己方便，成功路上的坎坷也就会少一点。而事实上，很多人往往因为一点小小的利益与别人发生矛盾，甚至大打出手，不仅良好的人际关系破坏了，也影响后来的事业。所以，无论是在日常生活中，还是在未来的工作岗位上，宽以待人，不懈地履行这个信条，对男孩的未来一定会有所帮助的。

建议一：父母教男孩学会管理自己的时间

随着年级的升高，功课越来越多，有越来越多的男孩觉得时间不够用。有的男孩抱怨"功课太多了，玩的时间都没有"；有的男孩则不然，他们能把生活中的大事小事处理得井井有条，还能空余出一些娱乐的时间。

孩子们的智商水平都相仿，之所以会出现如此大的差距，主要是他们所具备的时间管理能力不同。

在学校里，我们时常看到一些男孩东走走西逛逛，左看看右翻翻，说他忙，他什么都没干；说他不忙，书桌上却堆着一堆功课没完成。这实际上是一种没有明确的目标、随遇而安的态度，很大程度上是由于没有为自己制定一个详细的计划造成的。

计划性强的男孩，什么时间做什么事是非常有规律的，他们做完一件事后就会立刻去做另一件事，从来不会有无所事事、毫无目标的情况出现。他们对时间也抓得十分紧，轻易不会把大好时光白白浪费掉。

详细的计划使男孩的各项活动目标明确，但是，男孩在刚开始学着制订计划的时候会遇到一些困难。由于生活千变万化，常会出现一些意想不到的情况而影响计划的进行，如临时增加集体活动、作业增多、考试临近等，这些往往都会打乱他们的计划。遇到这些情况，告诉男孩千万不能急躁，或者仍然死板地按计划进行，而是要及时调整自己的学习计划，增强计划的可行性，以适应变化了的情况。有时在计划实施的过程中会遇到困难，这时就需要男孩用坚强的意志努力克服困难，排除诱惑，来实施学习计划。在实施计划时，每克服一个困难，完成一项任务，男孩就会在享受胜利喜悦的同时增强克服生活中困难的信心和勇气。

如果男孩长期按计划生活，到时间就起床，到时间就睡觉，该学习时就集中精力学习，该锻炼身体时就锻炼身体。这样就会使生活很有规律，孩子也能逐渐养成良好的学习习惯。

下面是制订计划时应注意的一些问题，家长可与男孩共同分享：

第一，计划要全面。计划里除了有学习的时间外，还应当有进行社会工作、为集体服务的时间；有保证睡眠的时间；有娱乐活动的时间。计划里不能只有三件事：吃饭、睡觉和学习。

第二，长计划和短安排。在一个比较长的时间内，究竟干些什么，应当有个大致计划。例如，一个学期、一个学年应该有个长计划。有长计划，还要有短安排，否则长计划要实现的目标不容易达到。

第三，不要脱离生活的实际。有些男孩订计划时满腔热情，想得很好，可行动起来，寸步难行，这是目标定得过高，计划订得过死，脱离实际的缘故。

第四，不要太满、太死、太紧。要留出机动时间，使计划有一定的机动性，这样完成计划的可能性就增加了。

第五，脑体结合，义理交替。在安排计划时，不要长时间地从事单一活动，学习和体育活动要交替安排。比如：学习了一下午，就应当去锻炼一会儿，再回来学习。锻炼时运动中枢兴奋，而其他区域的脑细胞就得到了休息。安排科目时，文科、理科要交替安排，相近的学习内容不要集中在一起学习。

第六，提高学习时间的利用率。早晨或晚上，或一天学习的开头和结尾的时间，可以安排着重记忆的科目，如外语。心情比较愉快，注意力比较集中，时间较完整时，可以安排比较枯燥，或自己不太喜欢的科目；零星的、注意力不易集中的时间，可以安排做习题和自己最感兴趣的学科。这样就可以提高时间利用率。

建议二：告诉男孩可以玩，但作业必须完成

暑假已经过了一半，唐信的作业还没有开始动手完成，每天早晨起来就开始看电视，直到中午才关掉电视。中午吃完饭，刚想学习，又想起来有本好看的漫画书还没看，要不就是想天气那么好，还是去游泳吧。虽然他也觉得这样做不好，但就是忍不住。等到看日历牌的时候才发现，暑假已经过了一半了。

谁不喜欢玩呢？玩，是生活的一部分，尤其对男孩而言，他们能在玩乐中学到很多东西。但是玩要适可而止，不能因为玩耗去了大好时光。

……洗手的时候，日子从水盆里过去；吃饭的时候，日子从饭碗里过去；默默时，便从凝然的双眼前过去。我觉察他去的匆匆了，伸出手遮挽时，他又从遮挽着的手边过去。天黑时，我躺在床上，他便伶伶俐俐地从我身上跨过，从我脚边飞去了。等我睁开眼和太阳再见，这算又溜走了一日。我掩着面叹息。但是新来的日子的影儿又开始在叹息里闪过了。

时光的流逝在朱自清先生的笔下显得残酷而又真实。莎士比亚说过："在时间的大钟上，只有两个字——现在。"昨天唤不回

来，明天还不确定，一个人能拥有、把握的就是今天的时间。如果为了玩而虚度今天，就是毁了昔日成果，丢了来日前程。

古今中外，凡事业有成者，都是十分珍惜和善于驾驭时间的人。他们不但不会让时光虚度，还会想方设法节省时间。

杰克·伦敦从来都不愿让时间白白地从他眼皮底下溜过去，睡觉前，他默念着贴在床头的小纸条；第二天早晨一觉醒来，他一边穿衣，一边读着墙上的小纸条；刮脸时，镜子上的小纸条为他提供了方便；在踱步、休息时，他可以到处找到启发创作灵感的语汇和资料。不仅在家里是这样，外出的时候，杰克·伦敦也不轻易放过闲暇的一分一秒。出门前，他早已把小纸条装在衣袋里，以便随时都可以掏出来看一看、想一想。

鲁迅先生说过："我把别人喝咖啡的时间都用到读书和学习上。"他几十年如一日，从不浪费一分一秒，为后人留下了700多万字的著作。就在重病缠身的日子里，他还抓紧时间工作和学习，在逝世的前一天，还写了他最后的一篇作品《因太炎先生而想起的二三事》，真是惜时到了生命的最后一息。

为男孩讲一讲这些故事，男孩一定深有感触。告诉孩子，看电视、玩游戏这些事虽然充满了趣味，毕竟不是生命中重要的事情。游戏能给生活带来暂时的快乐，但要让生活充实、总有幸福的感觉，还应夯实知识，奠定高品质生命的基础。

不过，即使男孩懂得了这些道理，真正实施起来还是很难的。男孩活泼好动，自制力有限，这时候就需要家长帮助孩子了。可以在玩之前与男孩做个约定，比如"看电视只看一个小时，要自觉看时间。如果到点了还舍不得关电视，妈妈叫你好吗？"在家长的协助下，加上孩子自我管理的意识，收住孩子的"玩心"并不难。

建议三：男孩"人来疯"，父母应多带他出去与人接触

小博是个四岁男孩，平时乖巧听话。可是家里一旦来了客人，小博就像换了一个人似的，拼命展示自己。他会围着客人撒欢，不停地跟客人讲话，让客人手忙脚乱。他还会向爸爸妈妈提出一些过分的要求，爸妈要是不同意，他就又哭又闹，让大人们都非常尴尬。望着在地上打滚的小博，妈妈只好对客人赔笑道："真是没办法，这孩子就是个'人来疯'……"

所谓"人来疯"，指人类自我表现欲的无端彰显。具有"人来疯"行为的多为 3～7 岁的孩子，这个年龄段的孩子由于大脑皮层神经活动的兴奋与抑制尚未达到平衡，兴奋过程强于抑制过程，导致自控力、意志力都比较差。

这个年龄的男孩格外活泼好动，他们会抓住任何机会展示自己，尤其是在不常见的人面前，这种展示让他们更是觉得具有成就感。于是，来家里做客的亲戚、朋友就成了他们的最佳展示对象。

为了吸引客人的注意，"人来疯"的男孩会将自己活泼、表现力强的特点卖力表现出来。不过由于他们的判断能力差，他们无法从别人的回应中判断自己的行为是否正确。即使家长对他们过分的行为加以阻拦，他们尚不完全的意志力也无法控制住自己。所以，我们就时常能看到这种景象：孩子又叫又闹，家长急得满头大汗却劝阻无效。

很多家长为孩子的"人来疯"犯愁，抱怨孩子太顽皮，无法管教。其实，随着孩子身体系统的发育，到了10岁以后，这种行为就会慢慢好转，乃至消失，家长无须过分担忧。

孩子会"人来疯"，也与社会经验少有关系。现在的孩子，尤其是生活在城市的男孩，平时很少有与外人接触的机会。试想，如果家里整天来来往往都是人，那么男孩又怎么会对客人抱有如此大的兴趣，非要进行一番"自我展示"呢？"人来疯"的男孩往往生活环境都比较单调，他们天性对世界充满了好奇，喜欢探究人与人交往的秘密。不过，由于缺乏经验，他们还不能很好地掌握与人交流的技巧，出现出格的行为是可以理解的。

家长不要因为孩子"人来疯"就对其大声斥责，甚至予以严惩。孩子也有自尊心，男孩如果为此感到羞愧，会反抗得更加激烈。家长可以选用其他方式对孩子进行约束。比如当家里来了客人之后，让男孩跟客人问好，然后告诉孩子，"先去别的房间玩玩具或者看会书，一会儿客人和爸爸妈妈说完话要看你表演"。这样，孩子就会乖乖地自己待着。等与客人聊完天后，记得一定要叫孩子出来进行表演，满足孩子的表现欲。

如果这种方法对男孩无效，家长即可指出"XX小朋友在来客人时很乖很听话，妈妈很喜欢他"。然后对孩子的撒娇行为冷处理。等客人走后，再告诉孩子他错在哪里，还可以配合罚站一会儿、不给他买某个玩具等惩罚措施。

当然，纠正男孩"人来疯"还得从根源做起，即多让男孩与外人接触，让男孩熟悉待人接物的技巧。平时家长可以多带男孩去公园、商场、图书馆等场所，增加与人群接触的机会。等孩子熟悉了人与人的交往行为后，就不会再出现"人来疯"的行为了。

细节2　逆反心理强——男孩喜欢跟父母对着干

从小就聪明伶俐的苏平，很听爸妈的话，是一个人见人爱的好孩子。可近来苏平变了，凡事总爱与父母顶嘴，自作主张，有时还偏要同父母"反其道而行之"。

例如，初中毕业后，爸妈为他选择了就近的一所重点高中作为报考志愿，而他偏挑选了一所离家较远的中学，他不是喜欢路远，而是有意同爸妈抬杠；苏平有鼻炎，父母为他买了滴鼻药水，他却有意把它扔了；父母问他考试成绩，他明明及格了，却偏说不及格；有一天气候突然变冷，苏平的母亲特意给他送去衣服，他竟当着同学们的面把衣服扔在寝室的地上；他爸爸平时工作忙，一有机会就想跟他聊聊，他却把他拒之于千里之外。这令苏平的父母十分焦急。

苏平的这些表现与逆反心理有关。

逆反心理是指，人们彼此之间为了维护自尊，而对对方的要求采取相反的态度和言行的一种心理状态。青少年常会"不受教""不听话"，常与教育者"顶牛""对着干"。这种以反常的心理状态来显示自己的"高明""非凡"的行为，往往来自于"逆反心理"。逆反心理在青少年成长过程的不同阶段都可能发生，且有多种表现。如在一些青少年当中，打架斗殴被看作是有胆量；与老师、领导公开对抗被视为有本事；哥们义气等不良的行为倾向却赢得了很多人的认同，而乐于助人、爱护集体、爱护公物、遵守校规校纪的青少年则被肆意讽刺、挖苦；对正面宣传作不认同、不信任的反向思考；对先进人物、榜样无端怀疑，甚至根本否定；对不良倾向持认同情感，大喝其彩；对思想教育消极抵制、蔑视对抗等等。

一般说来，人们对于越是得不到的东西，越想得到，越是不能接触的东西，越想接触，这就是所谓"禁果逆反"。无论是老师还是家长，都会禁止孩子做某事，却又不说明为什么不能做的理由，结果适得其反，使"不要吸烟""不要早恋"之类禁令达不到应有的预期效果，使被禁止、批判的电影、文学作品、理论文章更引起男孩极大兴趣……"被禁的果子是甜的"，好奇心驱使男孩有时甘冒受惩罚的风险去尝也许并不甜的"禁果"。

由于青少年正处在身心发育成长的不稳定时期，大脑发育成熟并趋于健全，脑机能越来越发达，思维的判断、分析作用越来越明显，思维范围越来越广泛和丰富，特别是思维方式、思维视角已超出童年期简单和单一化的正向思维，向着逆向思维、多向思维和发散思维等方面发展。尤其是在接触社会文化和教育过程中，青少年渐渐学会并掌握了逆向思维等方法。正是青少年思维的发展和逆向思维的形成、掌握，为逆反心理的产生提供了心理基础和可能，因此，逆反心理在成年前呈上升状态。

另外，青少年正处在接受家庭、学校教育阶段，由于阅历和经验的不足，在认知事物和看问题时常出现认识上的片面和较大偏差，因而易与家长、教师、教育者的意向不同。当人们的意向不一致时，彼此之间为了维护自尊，就会对对方的要求采取相反的态度和言行。

逆反的后果是严重的，它会导致青少年出现对人对事多疑、偏执、冷漠、不合群的病态性格，使之信念动摇、理想泯灭、意志衰退、工作消极、学习被动、生活委靡等。逆反心理的进一步发展还可能向犯罪心理或病态心理转化。

面对心中生成的逆反心理，你可以尝试着用下面的方法去化解：

作为学生、子女，要学着从积极的意义上去理解大人，父母的啰唆、老师的批评都是善意的。老师、父母也是人，也有正常人的喜怒哀乐，也会犯错误，也会误解人，你只要抱着宽容的态度去理解他们，也就不会逆反了。

要经常提醒自己虚心接受老师父母的教育，遇事要尽力克制自己，要知道，退一步海阔天空。另外，还要主动与他们接触，这样，多了一分沟通，也就多了一分理解。

你要提高心理上的适应能力，如多参加课外活动，在活动中发展兴趣，展现自我价值。

你应正确认识自己，努力升华自我。把自己作为教育对象，主动思考自己、设计自己，并自觉能动地以实际作动完善或造就自己。

合理地提出自己对事情的不同看法是孩子的一项权利，但是，由于青少年时期的孩子与父母相比，在社会和生活经验方面确实欠缺很多，这就需要孩子虚心听取家长一些有道理的见解，尝试着用理解的眼光来看身边的事情，这样有助于问题的解决，也有利于父母与子女之间的沟通，有助于和谐的家庭气氛的维持。因此，多一分理解，多一分倾听，叛逆也可以得到合理化解。

建议一：父母应多了解男孩，满足他的真正需求

这些天陆涛跟妈妈一直闹矛盾，两个人谁也不让步，陆涛觉得很委屈，就去找自己最喜欢的老师诉苦。

原来，陆涛十分喜欢轮滑，自己攒钱偷偷买了一双漂亮的轮滑鞋。陆涛暗里计划着，每天放学后去练一小时轮滑，争取下半年能参加轮滑赛。因为练轮滑，陆涛每次回家都很累，有时满头汗，有时累得都不吃晚饭就睡了。陆涛妈妈很纳闷，就在打扫房间时仔细找了找，结果就把那双陆涛舍不得穿的轮滑鞋翻到了。陆涛妈妈不但没收了鞋，还不准陆涛再去练习轮滑。陆涛为此跟妈妈闹矛盾了。陆涛觉得自己的事情自己可以安排好，自己喜欢做什么怎么做这是自己的自由，妈妈不应该干涉，何况自己做的又不是坏事情。陆涛讲完后，老师想了想说，"陆涛，回家先跟妈妈道歉，不管怎么样跟妈妈闹矛盾是不对的，你这样做也不是解决问题的办法。跟妈妈好好说，争取妈妈的理解，这才是好的办法。"

　　陆涛回家跟妈妈坐下来好好谈了谈，最终妈妈答应了陆涛，不过每天不能练习太久，怕耽误学习。陆涛又开始了他的轮滑计划，而且还有了妈妈的支持。

　　也许，有些男孩子没有注意到，不知从什么时候起，自己不再是爸爸妈妈眼里的乖宝宝，开始有自己的想法，并强烈地要求付诸实施。其实，这些是男孩进入青春期后，渐渐出现的叛逆心理。为什么说是男孩子的叛逆心理呢，难道说爸妈就不存在对男孩管制过严的问题吗？当然不是。

　　让我们先来分析一下青春期的叛逆心理，男孩子们就会发觉自己存在的问题。进入青春期后，男孩子在生理上发生了很大变化，身体渐渐发育成熟，然而近年来，随着物质生活水平的提高，青春期提前来到，然而生理上的成熟并不意味着心理上的成熟，其实很多男孩子的心理并不成熟，于是在青春期期间就出现了叛逆心理。

专家说，青春期的叛逆意识突出表现在他们的独立意识。对于男孩子而言，这种情况更严重。一些男孩子就会希望得到独立、得到认可，在没有完全认识到自己的实力的情况下，总想着一鸣惊人，总想着挣脱父母的束缚，寻找更宽更高的天空。所以，这些男孩子会自发地采取一些接近自己梦想的措施，但是，在父母眼里，男孩子很多做法是好高骛远不切实际的。此时，处于对他们的关心，父母就会出面阻止。这就出现了男孩子们认为的被剥脱自由的现象。

客观地说，父母有父母的想法，男孩子也有男孩子的想法，没有谁对谁错的问题，最主要的是缺乏沟通。如果男孩子把自己的想法告诉爸妈，爸妈也再听听他们的想法。在互相尊重的前提下，真诚的沟通就会少很多抱怨。

"自由"是一个高贵的字眼，但是通往自由的道路不止一条，男孩子们能让爸妈放心自己，自己也舒心地实现自己，才是最好的选择。

建议二：不妨"冷"对男孩的牛脾气

生活中，很多男孩都会出现无理取闹、乱发脾气的情况，往往让许多父母感到又尴尬又头痛。

凯伦夫妇最近被儿子的坏脾气折磨得头疼死了。儿子吉姆仅 6 岁，却脾气暴躁得厉害，在商场里面逛的时候，儿子稍不如意就大发雷霆，大喊大叫。即使是跟他讲道理，他也听不进去，如果父母不按照他说的去做，他就一直吵闹、哭喊、在地上打滚，手里有什么东西都会顺手扔出去。

为此，凯伦夫妇想尽了办法，他们打他，苦口婆心地教诲，罚他站墙角，赶他早点上床，责骂他，呵斥他，给他讲道理……这些都不管用，一有事情吉姆还是会大发雷霆，暴躁脾气依然如故。

每个人都不希望自己的男孩是一个随意发脾气的孩子，可事实上发脾气是男孩成长过程中的必经之路，如果家长引导得不好，孩子就会像吉姆一样，养成乱发脾气的习惯，特别是在物质满足上，孩子会没完没了地发脾气，直到得到自己想要的东西为止。

一天晚上，一家人正在看电视，小恒突然要吃冰淇淋。已经很晚了，商店都关了门，爸爸妈妈试图跟他解释，劝说他明天再吃。然而，小恒的脾气却上来了，他倒在地上大声叫喊，用头撞地，用手到处乱抓，用脚踹所有够得着的东西……

爸爸妈妈被气得不知道该说什么，他们努力克制自己的火气，暂时没有任何语言和动作。

小恒已经叫喊半天了，他奇怪地发现，居然没有人理他。于是，他又重新按他刚才的"表演"闹了一番。这次爸爸妈妈坐了下来，静静看着儿子，没有任何语言和动作。

小恒不服气地又开始了第三次"表演"，然而爸爸妈妈还是没有任何表示。最后，小恒大概也觉得自己趴在地上哭叫实在太傻了，他自己爬了起来，回房间睡觉去了。

从此，小恒再也没朝别人乱发脾气，小恒的乱发脾气因为没有得到强化而自然消失了。

男孩情绪不稳定，自制力差，并且难以接受父母的意见与劝说。在这种时候，疼爱儿子的你能做到冷静处理吗？你是不是对孩子过度关注，比如，孩子一伤心你立刻安抚，一哭叫马上就哄？

"现在的孩子越来越难管了！"一些年轻的妈妈抱怨说，"稍不如意，牛脾气就上来了。打也不听、骂也不灵，哄他吧，他还更来劲！"生活中，确实有不少这样的男孩。那么对于男孩的"牛脾气"家长应该怎样处理呢？

心理学家认为，孩子爱发脾气是由于家庭教育不当引起的。特别是独生子女，如果从小就事事以他为中心，吃不得一点苦，要什么给什么，那么孩子就会养成遇事爱发脾气的习惯。

要让男孩心平气和地生活，改掉喜怒无常的坏情绪，最有效的办法是采取置之不理的方法，进行"冷处理"，让其自动消失。譬如孩子在商场里面满地打滚的时候，你就在旁边看着，直到他偃旗息鼓。

孩子发脾气就向他屈服是最不可取的教育态度和教子方法。当孩子乱发脾气时，父母要保持冷静，对孩子的不合理要求绝不迁就，始终要让孩子明白，无论他怎么发脾气，父母都不会"俯首称臣"，他始终都达不到自己的目的。当孩子已经"雷霆万钧"时，不妨运用冷淡计，父母及其亲人都不去理会他。事后，再当着孩子的面，分析一下他发脾气的原因，细心地引导、教育孩子，相信孩子会从一次错误的行为中吸取教训。

专家认为，父母在阻止孩子坏脾气发作的时候，既不要采取过于强硬的态度，也不能采取过于软弱的态度。最好是能够迅速而果断地将孩子的注意力转移到其他方面，以缓和紧张的局势。也就是说，当孩子正处于发脾气的时刻，父母不要一心只想到训斥孩子，因为孩子这时是听不进去的；也不要强迫孩子或者用武力威胁孩子马上停止发脾气。最简便的方法就是冷处理，把他撇下不管，或把他送出门外，让他一个人去发泄，去自我克服、自我平息。这样坚持一段时间后，孩子就会渐渐改正乱发脾气的习惯，因为他知道这样做是什么也得不到的。

细节3　有攻击性——睾丸素
作用下的必然结果

男孩大多喜欢集体生活，更喜欢主宰、控制环境，并善于根据自己的实力来估计自己在所处集体中的地位。相对于女孩来讲，男孩更喜欢竞争，竞争的环境可以使他变得更加兴奋，男孩也更愿意接受挑战，喜欢不为任何理由的冒险。

心理学家将男孩称为"有攻击性的小机器"，在运动能力、爆发力等方面，男孩要远远胜过女孩，同时，男孩的动作速度和猛烈程度也会远远超过女孩。男孩天生在这些方面具有优势，这取决于他们体内的睾丸素。

男孩喜欢玩冲锋枪，喜欢捉弄小猫小狗，拎起它们的小耳朵。

男孩喜欢玩火、喜欢扔石块，并且不会像女孩一样友好相处，他们会在游戏中粗鲁地推倒小伙伴。

男孩有时还会有意激怒自己的弟弟或妹妹，从中得到快乐。

男孩在做事的时候注意力很集中，但是耐久性很差，表现得很毛躁。他们经常没有听清指令就盲目行动。

男孩更加富有个性，他们喜欢张扬的做事风格，并且会对自己的所作所为产生自豪感。他们的行事风格看上去果断、大气，富于斗志和进取心。

男孩天生好动，喜欢实践，总是把家里的东西搞坏，他会出于好奇把家里的闹钟拆掉，为了听清脆的响声而把杯子摔在地上。

睾丸素对男孩的影响远远超过生长激素对他的影响，男孩因而变得精力旺盛，脾气暴躁。科学家曾做过很多实验证明这一点，比如，给雌老鼠注射睾丸激素，这些老鼠竟试图和同性进行交配，彼此还会进行厮杀。这个实验足以证明：男孩好斗的根源在于睾丸素的作用。

正是由于睾丸素的存在，使男孩表现出不同于女孩的特征。了解睾丸素是父母帮助孩子更好地发展的一个途径。父母懂得相关的养育知识和技巧，才能给予孩子正确的情感影响，使他们的潜力得到最大限度的发挥。

建议一：让男孩知道暴躁的代价

戴维是一个脾气暴躁、容易出现情绪波动的男孩，经常因为小事和别人吵架，他的人际关系因此愈来愈紧张，在公司经常与人发生矛盾，结果女友也难以忍受他的坏脾气，和他分手了。终于有一天，他觉得自己已经处于崩溃边缘。

他打电话向他的一个朋友詹森求救。詹森向他保证："戴维，我知道现在对你来说是有点糟，可是只要经过适当的指引，一切就会好转。你现在要做的第一件事是让自己安静下来，好好地享受一下宁静的生活。"

听了詹森的话，戴维开始试着放弃先前忙碌的生活，好好地放松一下自己，给自己休了一个长假。当他稳定了一段时间之后，詹森又建议道："在你发脾气之前，不妨想想，究竟是哪一点触动了你？"

"你可以拥有两种思考，一种是让每件事情都在脑海里剧烈地翻搅，另一种则是顺其自然，让思想自己去决定。"说着，詹森拿出了两个透明的刻度瓶，然后分别装了一半刻度的清水，随后又拿出了两个塑料袋。戴维打开来，发现里面分别是白色和蓝色的玻璃球。詹森说："当你生气的时候，就把一颗蓝色的玻璃球放到左边的刻度瓶里；当你克制住自己的时候，就把一颗白色的玻璃球放到右边的刻度瓶里。最关键的是，现在，你该学会控制自己的情绪，如果你不试着控制自己的情绪，你会继续把你的生活搞得一团糟。"

此后的一段时间内，戴维一直照着詹森的建议去做。后来，在詹森的一次造访中，两个人把两个瓶中的玻璃球都捞了出来。他们同时发现，那个放蓝色玻璃球的水变成了蓝色。原来，这些蓝色玻璃球是詹森把水性蓝色涂料染到白色玻璃球上做成的，这些玻璃球放到水中后，蓝色染料溶解到水中，水就成了蓝色。詹森借机对戴维说："你看，原来的清水投入'坏脾气'后，也被污染了。你的言语举止，是会感染别人的，就像玻璃球一样。当心情不好的时候，要控制自己。否则，坏脾气一旦投射到别人身上的时候，就会对别人造成伤害，再也不能恢复到以前。所以一定要控制好自己的情绪，不能乱发暴脾气。"

戴维后来发现，当按照詹森的建议去做时，他真的不再那么混沌了，事情也容易理出头绪。在此之前，他的心里早已容不下任何不满、愤怒的情绪，一定要全部发泄出来，许多麻烦就是这样造成的。

此后，戴维开始有意地控制情绪。当詹森再次造访的时候，两个人又惊喜地发现，那个放白色玻璃球的刻度瓶竟然溢出水来！

看来戴维对自己的克制成效不小。慢慢地，戴维已学会把自己当成一个有思想的旁观者，来看清自己的意念。一旦有了不好的想法就很快发现，情绪失控的时候就及时制止。这样持续了一年，他逐渐能够控制自己的暴脾气，生活也步入正轨，并重新得到了一位优秀女士的爱，美好在他的生活中渐渐展现。

戴维的暴躁，让他不能自控，随意地把自己的愤怒和不满流露，经常因为一些小事儿而与别人发生矛盾，人际关系也变得紧张，让自己的生活变得一团糟。相信父母都不想让自己的孩子在人生中有这样的遭遇。特别是男孩，脾气暴躁就很容易在生活中失去绅士风度，如果在众人面前发脾气，也是一种很失礼的表现，所以父母应该让孩子知道：在成长的过程中要学会控制自己的脾气，乱发脾气是要付出代价的，有时候会让你失去亲情和友情，甚至是爱情。

面对男孩的暴躁性格，父母应该怎样对其进行养育呢？专家给父母的建议如下：

第一，让男孩必须决定他们自己想要改变的行为。这要求他们收集所有关于这个问题的信息，比如"自己的愤怒通常发生在什么情景下""大概多久发生一次""它能改变到一个什么程度？"等，诚实、彻底地列举问题的细节会对他们制订、改变计划有所帮助。

第二，让他们清晰辨认出这些愤怒出现时，在他们的自动思维中出现了哪些不合理的逻辑，回顾这些逻辑，看看它们引发的情绪和他们行动之间的关系，明白它们是如何影响他们的。比如，当他们得不到自己想要的东西时，心理就会很难受，由于失落而发脾气。一是为了引起他人的注意，二是为了发泄不满的情绪。这种自动思维决定了他们发脾气的行为，所以要根据具体的情况，严加控制。

第三，在生活中自己检测自己，观察和记录任何不利于自己情绪的思想和行为，尤其是那些自动出现的念头。这也要求男孩子，在生活中需要自我反省，这样才能知道什么事情该生气，什么事情不该生气，让自己能平和处理生活和学习中的一切问题。

第四，每天总结那些不合理的思维逻辑，用积极正确的陈述抵抗不合理的消极解释，让头脑中合理的自动思维逐渐占据主导。如果他们成功控制了原本可以激起愤怒的情绪时，让他们不妨给自己一些奖励以强化自己继续保持积极的状态。

除此之外，当发现身边有人正试图激怒自己时，如果他的语言是批评或抱怨式的，那么就不要听他的评价，让孩子集中注意力在其他事情上，教会自己面对他人的消极态度时要放松，如果你发现自己无法与对方冷静相处，换一个环境避免争吵，将是最明智的选择。

建议二：告诉男孩暴力解决不了问题

彭阳是一名初中二年级的男生。一天彭阳和朋友放学回家，路上说说笑笑，不小心用自行车蹭破了正好路过的小原的衣服。

大家都在背地里叫小原"刺头"，因为这个孩子实在是睚眦必报，只要有同学哪句话不让他高兴，哪件事做得不合他的心意，他一定会"以牙还牙"。看到衣服刮坏了，小原哪肯罢休，张嘴就骂。彭阳也不肯示弱，一来二去，两人打了起来。

彭阳的朋友"出手"帮忙，小原吃了亏。

翌日下午第二节课结束后，彭阳正下楼准备去操场上体育课，一个同年级的学生把他叫到操场上，然后其他四个同年级的学生围上来，一起把他带到一个厕所内，一顿猛揍。

男孩崇尚力量，崇拜英雄，渴望自己能仗剑走江湖，暴力，在男孩的生命中往往以浪漫主义的色调呈现。这种想法显而易见是幼稚的，并且暗含危险。事实上，虽有胸中一口侠气在，绝大部分男孩却没有大侠、英雄的本事，真正动起手来，吃亏的还是男孩自己。

家长要告诉孩子，不要总想着用暴力解决问题。很多时候，暴力不但解决不了问题，还会使事情朝着更坏的方面发展。

第一，男孩应正确认识自己所受的伤害。在人际交往中，不可能没有利害冲突。当你遭受到挫折或者是不愉快的时候，不妨进行一下心理换位，将自己置身于对方的境遇之中，想想自己会怎么办。通过这样的换位心理，你也许能够理解对方的许多苦衷，正确看待他人给自己带来的挫折或者是不愉快，从而消除动手的欲望。

第二，正确分析别人对自己的伤害。即使是伤害，也要加以分析，弄清楚别人是有意伤害还是轻微伤害，是偶然伤害还是蓄意伤害等等。对于一个男孩来说，即使是受到伤害，是否立即实施报复也要三思而后行，有时为了顾全大局或是需要时间弄清原因，就只能暂时忍一忍，否则是得不到舆论支持的。总之，面对伤害，要头脑冷静，具体分析，具体对待。

第三，多考虑打架的危害性。在动手打架之前，不妨仔细想想，实施暴力，除了或许能从中体会到暴力本身所带来的所谓"快感"并给对方造成危害，还能得到什么呢？这一切不能不引起双方思考。古话说"饶人不是痴汉，痴汉不会饶人"，"忍得一时之气，免得百日之忧"，这些古训很值得认真吸取。

第四，学会忍耐和克制。人在受到伤害的时候，只能有两种状态，一是反击报复，二是自我克制。在正常的人际交往中，一般极少出现大的伤害，多半是一些有悖于文明礼貌的出言不逊所引起的心理伤害。从有益于交际者身心健康和人际交往的正常行为出发，每一个参与交际的人都应当首先做到严于律己，坚持文明标准，把握好自己的一言一行，尽量不对别人造成伤害，万一有差错，就应该及时检讨自己，表示歉意。受到一点小小的伤害也应该尽量忍让、克制。

不过，当男孩真的遭受校园暴力的时候，可不能默默承受。告诉孩子，在暴力危害来临的开始，比如滋事者刚围住他，要带他离开人多热闹的地方时，最好不屈从他们的胁迫，或凛然正气，或大声呼喊，或用力挣扎，因为此时刚处于危险的边缘，摆脱危险的机会最大，一旦屈从胁迫去到僻静且无人注意的地方，危险性就极大。

如果对方胁迫太强，不能呼喊挣扎，可尽量机智地使用眼神、留下记号等示意周边的人，请求援助。被威胁过程中，可随机应变，在确保人身安全的情况下，如男孩的"软弱"仍换不得对方的宽容，可坚决反抗，勇敢地争斗，树起自己的尊严来。

以下一些自护常识，家长可让男孩记牢：

1. 威胁来临时，应当立即向同学、老师、家长和其他人求助，必要时可以报警。

2. 切忌不能忍让软弱，否则会助长施暴者的气焰，使自己如"软柿子"一样被反复捏。

3. 勇敢坚强，镇静理智地处理威胁过程中的情况。

4. 懂得正当防卫的含义。所谓正当防卫，是指为了本人或者他人的本身、财产和其他权利以及社会公共利益免受正在进行的不法侵害，而采取的制止不法侵害的行为。

5. 正当防卫有四个条件：一是必须是针对不法侵害行为。二是必须针对正在进行的不法侵害行为；三是必须是针对实施不法侵害行为的人；四是防卫不能超过必要的限度。

细节4　固执、莽撞——告诉
男孩莽撞不等于勇敢

　　男孩与生俱来的英雄情结时常让他们陷入危险的境地而不自知。

　　他们好像是天生就喜欢冒险，不带有任何理由。一个刚刚学会走路的男孩，他喜欢从上面的地方往下跳。他喜欢把自己藏起来，让全家人找不到他。他会尝试所有没吃过的东西，不管是否是食物，甚至是药片，他都会往嘴里塞。他喜欢玩火，喜欢玩小刀。他会故意惹怒老师，看到老师很生气的样子，他会感觉得很开心。

　　当男孩长大，有了自己的玩伴之后，他还会喜欢上一切富于冒险性的事物，他们喜欢玩滑板，喜欢去郊外的山谷蹦极，喜欢在海上扬帆滑翔。有一位儿童心理学家说的好："任何一个男孩，在他小的时候一定或多或少受过外伤，如果一个男孩在小的时候没有受过伤，那简直是个奇迹。"也许正因为如此，古希腊的哲学家柏拉图这么写道："在所有的动物之中，男孩是最难控制对付的。"

　　男孩的冒险，是一种天分，需要家长用几分欣赏的眼光来看待。大多数的男孩为了冒险，甘心被摔跤，被挨打，这样的一种勇敢精神也是值得肯定的；他们喜欢搞破坏，会把电动汽车拆得乱七八糟，这种创造能力也很值得肯定；他们也许是为了自己的朋友，通过打架的方式来替朋友讨回公道，最后总是伤痕累累，这样的正义感也很值得肯定。既然对男孩的行为感到无可奈何，那就来欣赏他吧。因为男孩除了冒险之外，还有一股英雄情节，这一点让喜好冒险的男孩显得尤为可爱。

男孩的英雄情节，不仅有利于他们男性气质的培养，更有利于他们尽快长成一个真正的男子汉。

在现实的社会中没有一个人会像奥特曼一样具有拯救人类、拯救世界的本领，男孩们心中崇拜的英雄是虚幻的，他们小小的心中并不了解真正的英雄应该具有什么样的气魄。如果家长在此不给予正确的引导，可能孩子还会把暴力倾向误以为是英雄的象征，那就违背了男孩崇拜英雄的初衷。

建议一：吃软不吃硬是男孩的通性

对于未成年的孩子来说，他们由于不成熟、自我约束力差、自我纠错能力差，所以在成长过程中不但错误百出，而且经常犯同样的错误。作为成年人的家长最感到头疼的是："孩子怎么没记性？""为什么屡教不改？"于是频繁批评，意图把男孩"骂"醒。但是不管你是苦口婆心地骂、言词激烈地骂，还是语重心长地骂，这种带有批评成分的教育效果都不十分理想。尤其是针对处于青春期阶段的男孩，他们的逆反心理作祟，容易与父母形成对立局面，那么这时候的批评不但无效反而会适得其反。如果再碰上一个破罐子破摔的男孩，被批评烦了后果更是不堪设想。

老教育家孙敬修先生有一次看见几个孩子在摇一棵小树，孙老并没有上前大声训斥。沉思片刻后，他走过去把耳朵贴在小树上，孩子们看见觉得很奇怪，好奇地问孙老在做什么？孙老态度严肃，用十分痛惜的语气对孩子们说："你们听，小树在哭呢！因为你们快把它的命根摇断了！"孩子们听了，羞得满脸通红，一个个惭愧地低下了头。而后，孙老和孩子们一起给小树培土、浇水。从那以后，这些孩子不但不再摇树，还成了护树"小卫士"。

孙老在这里是采用"良性刺激"的方法，把准儿童心理，用极富童趣的话语使孩子从心底里感知犯错、认识错误并改正错误。在批评孩子时，最忌讳不假思索脱口而出的伤人心的话。所以，不管孩子犯了多么不该犯的错误，在批评孩子之前，父母都要平息一下自己的情绪。

一般来说，当男孩犯了错误后，往往心里已经产生了愧疚。所以，父母在批评时，没必要一遍一遍诉说自己多么痛心，这种做法无异于在孩子心灵的伤口上撒盐。对于已经具备是非判断能力的中学生而言，批评只要点到为止，就会使孩子记忆深刻。如果过度批评，不但不会加深孩子的印象，相反还会使孩子更加反感。

没有人喜欢被人批评，父母在批评男孩时一定要注意方式方法，尽可能采用积极的批评方式，给批评穿一件表扬的外衣。

已经上高二的小斌仍然"玩"性不改，每周六都要玩一会儿电子游戏。说是"一会儿"，实际上却是好几个小时。因为他每次都要打一局，而一局至少得打过好几关，有时甚至能从头打到尾，这样几个小时就过去了。有时母亲看不过，便吼他："别玩了！快去写作业。"他往往会以"只差一点就过关了"为理由，再拖半个小时。

为了帮助儿子改掉贪玩的坏毛病，母亲想了个好办法。又一个周末，母亲约了自己的几个朋友聊天，并让小斌服务。就在小斌为阿姨削苹果的时候，母亲提起了如何对待孩子贪玩的话题。几位朋友都有十七八岁的孩子，所以都有话说。其中一位说："我儿子已经上高三了，还整天惦记着玩，家里看得紧，他就到游戏厅、网吧玩，我都快愁死了。"小斌在旁边很紧张，生怕母亲揭自己的底。

小斌的妈妈接过话茬说："你越管得紧，他越不听话。我就从来不管小斌，每周他都可以玩一个小时的游戏，而且很守时，说一个小时，就一个小时。"说着，看了看表，然后对小斌说："儿子，到了玩游戏的时间了吧？去吧，玩一个小时就停。"

那天，小斌很自觉地在游戏机旁放了一个闹钟提醒自己，一个小时后，干干脆脆地退出了游戏。以后，不管母亲在不在旁边，小斌都只玩一小时，到了时间就立刻停止，再也不用母亲费心了。

小斌妈妈很讲究批评的艺术，她的做法很值得父母们学习。然而，很多父母在批评孩子时，难以做到心平气和。于是，这样的话不绝于耳："都这么大了还不懂事！""就知道玩，这么大了还让我操心！""好的没学会，就学会打架了，你是不是想把我气死？"可想而知，这些话会带给孩子什么样的心灵感受。当孩子犯有过错时，家长往往一味责备孩子，甚至打孩子，一点不讲批评技巧，结果往往事与愿违。那么，家长批评孩子时，应注意掌握哪些技巧呢？

第一，把声音放低。压低声音讲话，容易使孩子注意倾听你说的话，这种低声的"冷处理"，往往比大声训斥的效果要好。

第二，保持沉默。孩子一旦做错了事，总担心父母会责备他，如果正如他所想的，孩子反而会有一种"如释重负"的感觉，对批评和自己所犯过错也就不以为然了；相反，如果父母保持沉默，孩子的心理反而会紧张，会感到"不自在"，进而反省自己的错误。

第三，使用暗示。孩子犯有过失，如果家长能心平气和地启发孩子，不直接批评他的过失，孩子会很快明白家长的用意，愿意接受家长的批评和教育，而且这样做也保护了孩子的自尊心。

第四，批评孩子要言简意赅。有的家长批评孩子时唠唠叨叨说个不停，却说不到要点上，净说一些废话和孩子反感的话，引起孩子的逆反心理，孩子索性左耳进右耳出。所以批评的话不在多，要言简意赅，恰到好处。

第五，批评孩子一定要就事论事。批评孩子的时候不要把过去的事情扯出来，家长常犯的毛病就是喜欢秋后算总账。孩子本来有几件事情做错了，当时父母心情好，就不管不说，等到后来孩子的举动越来越不像话，这才开始发火，而且把已经过去了的事情重新提起，这样做只会增加孩子的抵触情绪。

第六，批评孩子千万不能损伤孩子的自尊心。特别是那些有辱人格的语言绝不能使用，批评孩子的场合也要有所选择，尽量不要当着外人或孩子朋友的面批评孩子。场合不对，本来孩子可以接受的意见也会引起孩子的反感。如果伤害了孩子的自尊心，他们甚至会做出某些难以预料的举动，让父母十分尴尬，下不了台。

总之，父母要充分考虑男孩的心理感受。根据孩子的具体情况，采取朋友般的做法，通过谈心、启发、聊天等方式，用委婉的口气指出孩子的不足，用商谈的口气消除孩子的对抗心理，与孩子一起共同分析错误，允许孩子申辩，及时澄清问题真相。这样不仅可以使男孩真正感觉到自己在人格上和父母一样平等，而且可以拉近父母与孩子之间的距离，消除彼此间的隔膜，收到积极良好的教育效果。

建议二：改掉男孩"不听话"的臭脾气

任性就是把自己的偏见当成至理名言，从而误入狂妄的陷阱，让自己进退维谷，痛苦不堪。任性的男孩，他们总是认为人生中有很多事情不需要"半途而废"，需要"固执坚守"，世上没有什么是可以改变的，他们不懂得变通，钻牛角尖，一条路走到黑，一只眼打井，不能全面地看待问题。

任性男孩的主要表现如下：

（1）极度的感觉过敏，对侮辱和伤害耿耿于怀。

（2）思想行为固执死板，敏感多疑，心胸狭隘。

（3）爱嫉妒，对别人获得成就或荣誉感到紧张不安，妒火中烧，不是寻衅争吵，就是在背后说风凉话，或公开抱怨和指责别人。

（4）自以为是，对自己的能力估计过高，惯于把失败和责任归咎于他人，在学习上往往言过其实。

（5）总是过多、过高地要求别人，但从来不信任别人的动机和愿望；不能正确、客观地分析形势，有问题易从个人感情出发，主观片面性大。

（6）喜欢走极端，听不进别人的意见，只想让别人接受自己的观点。

任性是件古怪的东西。任性的男孩绝对相信自己是正确的，而克制自己，保持正确思想，正是最能助长这种自以为正确和正直的看法。

有一位对上帝非常虔诚的神父，很受邻人尊敬，是圣人中的典范。一次，突然天降暴雨，倾盆大雨连续不停地下了 20 天，水位高涨，迫使神父爬上了教堂的屋顶。正当他在那里浑身颤抖时，有个人划着船过来，对他说道："神父，快上来，我把你带到高地。"

神父看了看他，回答道："我一直按照上帝的旨意做事，我真诚地相信上帝，因为我是上帝的仆人，因此你可以驾船离开，我将停留在这里，上帝会救我的。"

那人划着船离去了。两天之后，水位涨得更高了，神父紧紧地抱着教堂的塔顶，水在他的周围打着旋。这时，一架直升机来了，飞行员对他喊道："神父，快点，我放下吊架，你把吊带在身上安好，我们将把你带到安全地带。"对此神父回答道："不，不。"他又一次讲述了他一生的工作和他对上帝的信仰。这样，直升机也离去了，几个小时之后，老神父被水冲走，淹死了。

因为是一个好人，神父直接升入天堂。他对自己最后的遭遇颇为生气，来到天堂时，情绪很不好。他气冲冲地在天堂中走着，突然碰到了上帝，上帝说道："麦克唐纳神父，欢迎你！"

老神父凝视着上帝，说："40 年来，我遵照你的旨意做事，有过之而无不及，而当我最需要你的时候，你却让我淹死了。"

上帝微笑着说："哦！神父，请原谅，我确信我给你派去了一条船和一架直升机，是你的偏执害了你。"

的确，任性的人坚持己见，缺乏变通的智慧，因而常常正邪不分，忠奸不辨。没有见识，就不能观其人，听其言，察其行，因此就不能知彼知己，不能客观、公正地判断人或事，这样势必后患无穷。

父母在给孩子灌输"滴水穿石"、"绳锯木断"道理的同时，也应该让他们懂得改变，不能一味地坚持到底，当发现事情有所改变的时候，就应该变通。任性的男孩，只会一条路走到黑，在通向成功的道路上遇到的阻碍会更多。

要想改变男孩任性的坏脾气，就要让他们抛弃自己那种我总是对的想法。当然，思想上的调整与认识以一种良好的心境为前提，才能有效果。因此，父母可以用各种方法让孩子心灵宁静下来。

1. 从书籍中获得抚慰

实验表明，经常阅读伟大人物的传记，更能使那些任性的孩子得到心灵上的慰藉。丰富的知识使他们聪慧，使他们思想开阔，使他们不至于拘泥于教条的陈规陋习。但是应该注意的是，越有知识越要谦虚，这是做人的美德。为人处世要尊敬和信任他人，多培养宽容的态度。不要过于欣赏自己的成绩，议论别人的不足。不要去计较那些微不足道的事情。要和勤奋好学、谦虚谨慎、品德优良的人多交往，养成虚心向别人求教的习惯。

2. 克服虚荣

人无完人，谁都会有缺点和错误，这用不着掩饰。我们要以真诚的态度来对待生活，要树立远大的目标，追求美好、崇高的东西。不要整天把心思放在修饰打扮和赶时髦上。更不要夸夸其谈，不懂装懂。

3. 加强自我调控

引导孩子要善于克制自己的抵触情绪以及无礼的言语和行为。

对自己的错误，要主动承认，善于应用幽默，自我解嘲地找个台阶下，不要顽固地坚持自己的观点。

如果发现孩子平日里的行为有些任性，那么，提醒他们不要陷于"敌对心理"的旋涡中。事先自我提醒和警告，处世待人时注意纠正，这样会明显减轻敌对心理和强烈的情绪反应。要懂得只有尊重别人，才能得到别人尊重的基本道理。要孩子学会对那些帮助过他们的人说感谢的话，而不要不疼不痒地说一声"谢谢"，更不能不理不睬。要学会向他们认识的所有人微笑。可能开始时你很不习惯，做得不自然，但必须这样做，而且要努力去做好。要在生活中学会忍让和耐心。

4. 主动接受新事物

任性常和思维狭隘、不喜欢接受新东西、对未曾经历过的东西感到担心相联系。为此父母要孩子养成渴求新知识，乐于接触新人新事，并学习其新颖和精华之处的习惯。

细节5　挥霍、浪费——什么都有就不知道爱惜

节俭是相对于奢侈而言的，当一个人食不果腹、衣不遮体的时候，就谈不上生活节俭了。现今的绝大部分人，都有能力来过一种节俭的生活。然而，节俭却因为市井小利变成了吝啬。节俭看似简单，实则是一种高尚的生活态度，非纯真富有的心灵不能到达。节俭与吝啬的截然不同在于，节俭是为了避免浪费，而吝啬则单纯是为了积攒更多的财富，吝啬的人心灵太贫穷。

现在有很多男孩，生活在衣食无忧的环境里，即使家庭困难，父母也承担了一切压力，粉饰出"太平盛世"。孩子从来不知道生活的艰辛，花钱大手大脚，吃饭挑肥拣瘦，再完好的衣服也不肯多穿。养成了浪费的习惯之后，父母的反应往往却是，抱怨过后，迁就继续。还有一种观点，认为孩子不能比别的同学差，应该显出富家少爷的派头，所以一味地满足男孩的要求，让男孩的任性和虚荣心越来越深。

"成由勤俭、败由奢"，男孩一掷千金，将来不仅事业难成，日常生活都难以打点。男孩手中的钱来源于父母，从根本上来看，男孩的浪费是父母约束不力造成的。

在商场中发生过这样的一幕：一个男孩拉着父母走进一家服装专卖店，二话没说就上前挑选运动衣。当母亲说他穿的运动衣还很新的时候，他却说再穿就会落伍。

旁边的父亲一边掏银行卡一边说："现不少父母以孩子身穿名牌为荣，认为孩子穿得体面父母脸上也有光，做父母的苦一点不算什么，再苦不能苦孩子。"

有一位母亲曾说："我这一辈子就这样了，不能让孩子也像我这样，看着孩子穿得体面、吃得舒服，我心里高兴。"

看来，要帮助男孩培养节俭意识，首先应该纠正部分家长的教育观念。很多家长对男孩有求必应，是担心有求不应会让男孩受委屈；出于对自己清贫童年的补偿心理，也有很多家长想让孩子能生活得无忧无虑。其实，节俭并不是宗教式的修行，要在压抑欲望和肉体痛苦中超脱，节俭也不是耻辱，让男孩感到委屈和受伤。相反，节俭是对生活的理智态度，也是对自己行为的一种高要求，让男孩明白只有高尚的人才能够做到节俭，男孩不仅不会感到羞愧，而会感到光荣。勤俭节约既是对创造财富的劳动者的尊重，也是对父母的尊敬。

贝多芬曾说，"把美德、善行传给你的孩子们，而不是留下财富，只有这样才能给他们带来幸福"，节俭既是美德也是善行，为了培养男孩勤俭节约的习惯，父母们可以参考以下的建议。

第一，把培养男孩勤俭节约的意识作为塑造良好品德的开端。美学大师朱光潜曾经说过"有钱难买幼时贫"，这并不是让男孩去过"苦行僧"的生活，而是为男孩创造俭朴的家庭环境，让男孩继承中华民族的俭朴美德。

第二，让男孩在小事上养成节约的习惯。生活中处处有培养节约意识的细节，比如爱惜粮食、随手关灯、利用水资源、节约时间等；学习用品是男孩经常打交道的消耗品，也可以从节约文具上入手，不要因为写错一两个字就撕掉一大张纸，不要总是碰断铅笔芯等。

第三，让男孩学会衡量支出。孩子虽然很小，没有太多理财头脑，但是家长也可以将家里的收支情况讲给男孩听，和他一起商量节省又适用的生活小妙方。如果他提出一些建议，一定要支持鼓励，男孩自己也会以身作则。父母要经常给男孩讲勤俭持家的道理，使男孩懂得一粒米、一滴水、一度电都是辛勤劳动得来的，父母供他的衣食住行的所需费用都是费力气挣来的。动之以情，晓之以理，男孩的教育才更加有声色。

建议一：不要在孩子面前露富

如今，在男孩中出现攀比心理早已经屡见不鲜。孩子们没有固定的收入，他们用来攀比的钱，都是家长提供的。即便是男孩通过自己的劳动挣了一些钱，将挣来的钱都用在了吃喝穿戴上来显示自己的阔气，也很明显是受到了家长价值观念的影响。所以，出现了这样的问题，家长要负全责。

攀比隐藏着的是一种竞争、好胜的心理成分。男孩在年龄小的时候，缺乏判断是非的标准和自制能力，只知道别人有的他也一定要得到。作为家长，如果一味地满足孩子的攀比欲望，那只会助长男孩的虚荣心。因此家长一旦发现自己的孩子出现攀比的苗头，就要有意识地引导孩子。

现在的中学生里流传着这样的一个穿衣标准：脚上穿的是阿迪达斯、衣服一定是耐克、腰带选择鳄鱼。而一双货真价实的新款阿迪达斯运动鞋，价格通常是在800～1000元之间。为了杜绝学生之间的攀比现象，学校也都主张学生平时穿校服。但是，学生之间那种"吃要美味、穿要名牌、玩要高档"的奢侈之风依然弥漫在校园。

有位同学就这样说："学校平时要求我们穿校服，所以只有穿一双比较高档的鞋子才能显示出我的个性。班上的同学对鞋子都很讲究，谁穿上名牌，谁穿上新款，马上就会成为班上谈论的话题。我们班上40多个同学，大家几乎都有耐克、阿迪等名牌鞋子，有的甚至都有四五双。如果有谁不穿名牌，就会觉得很没有面子。"

诚然，现在的家庭生活条件提高了，在家庭条件允许的范围内，家长给孩子在物质上以最好的供应，这本身无可厚非。但是，如果一味地攀比就没有必要了。有的父母本身就喜欢把金钱、名车、豪宅看作是成功与否的标准，而男孩的心理尚未成熟，他的辨别能力很差，他的价值观也是取决于父母。父母是孩子的一面镜子，是孩子人生的第一位老师，日常的言行举止和价值取向都对男孩有着很大的影响。作为家长应该首先要给男孩树立一个好的榜样，正确引导男孩的消费观和价值观。如果家庭条件允许，孩子完全可以穿名牌。如果家庭的条件不允许，绝对要对孩子的攀比行为加以干涉，以免产生不良后果。

现在流行"男孩穷着养，女孩富着养"的说法，这种说法不能片面地理解成"穷"与"富"的概念。穷与富的内涵，是一种对于不同性别的孩子进行的不同的教育方法，在教育内容上有所侧重，因此富与穷包含着不同于金钱的意义。穷养男孩，是对我们自身期望的一种投资，是对男孩的人生决策、职业发展有关的投资。"穷"养出应对人生的能力和本事，"穷"养出他的积极、主见、雄心、理智、自我依靠。

美国前总统西奥多·罗斯福的大儿子20岁时去欧洲旅行，一个多月的时间他把自己所带的路费差不多花光了，临行前他遇到了一匹非常好的马，正好它的主人要卖掉它。他太爱这匹马了，就把自己最后的一点路费拿出来买下了这匹马。然后他打电报让父亲寄点路费让他回家。罗斯福给他回了一封电报说："你和你的马游泳回来吧!"儿子只好又卖掉了马。罗斯福反对男孩依靠父母生活。他希望自己的儿子能凭自己的本事自食其力。

罗斯福总统训练男孩独立的方法则可以称为"穷养"。罗斯福贵为总统却不肯给儿子路费，中国现今的大中城市却出现了一批批的"啃老族"。他们并非找不到工作，而是主动放弃了就业的机会，赋闲在家，不仅衣食住行全靠父母，而且花销往往不菲。这种教育方式和罗斯福的教子方式大相径庭。"啃老族"的出现让我们不禁想到中国的那句老话"富不过三代"。

富不过三代的背后到底隐藏着怎样的意义呢? 中国台湾"塑胶大王"王永庆给出了答案。

王永庆常常用"富不过三代"自勉，也用其教育子女。

他认为"富不过三代"是因为后代不能继续吃苦，缺乏危机感，而且过分追求享乐，把前人的家业都挥霍掉了。王永庆分析了三代人的特征，他认为:

第一代人，不怕困难，不怕吃苦，踏踏实实，克服一切困难，最后取得了成功。

第二代人，虽然没有经历创业的艰辛，但深受父辈的影响，还能够勤于自勉，努力工作，但是跟第一代人比起来，用功和吃苦的程度已经大大降低了。

第三代人，创业的艰辛对于他们来说已经是很久远的事了，他们没吃过苦，也不知道什么是吃苦，认为今天得到的一切是理所当然的。因而随意挥霍，不知珍惜，长久下去，自然家境衰败。

"富不过三代"的谚语告诉人们，再富也要穷孩子，在竞争激烈的现代社会里，要让男孩知道，富裕的生活是要靠自己的双手成就的，不能让孩子以为父母已经提供了一个衣食无忧的环境，不需要自己奋斗。在富裕的家庭里，不在男孩面前露富很重要。

建议二：让男孩知道父母的钱来之不易

刘明 13 岁了，刚刚上初中。不久前，他滋生了一种和别的同学比阔气、比花钱大方的思想。比如，学校组织校外参观，他听说有的同学带了 20 元零花钱，就要妈妈给他 30 元；以前，踢足球穿一般的足球鞋就行，现在则嚷着要买名牌球鞋，还说："不少同学穿的是进口名牌，买国产名牌已经是低标准了。"为了他上学方便，家里专门给他买了辆轻便自行车，结果没骑多长时间，他就又缠着要买变速车。

很显然，这是男孩的一种攀比心理。由于缺乏生活经验，很多男孩往往不知道父母的钱是从哪里挣来的，并对父母给予的钱抱有一种无所谓的态度。无形中使男孩变得花钱大手大脚，一点也不知道节约。孩子不知道钱怎么来的，觉得来得很容易，久而久之，乱花钱的行为就会根深蒂固，如果这种行为愈演愈烈，也许真的会有那么一天，你的孩子的生存会因此受到威胁。

出现这种情况，主要是由于孩子不了解家庭收入的来源和支出，很多孩子不知道钱是从哪里来的，以为父母挣钱很容易。有专家曾对小学生做过一个调查，研究发现，只有 20％的孩子知道钱是父母辛辛苦苦挣来的，有很多孩子以为钱就是直接从爸爸妈妈的钱袋里拿出来的。这就导致很多孩子花钱大手大脚，没有节制。

有的家长可能觉得，家人之间算账很伤感情，而且会让孩子变得唯利是图，眼里只有钱。这样的情况是会发生，也很需要父母的正确影响，将重点放在劳动的价值和正确的赞扬上。

父母可以给男孩讲一讲自己工作的辛苦，让男孩感受到挣钱不容易，也能让孩子加深对父母的了解，知道父母每天都在忙些什么。

家长要让男孩明白，财富得来的唯一途径是劳动。靠双手劳动的人，不仅能够依靠自己的力量生活，还能给别人带来快乐，更能从劳动中明白事理，获得更多的成就。

很多男孩对金钱的诱惑缺乏抵抗力，所以树立正确的金钱观对他们来说尤为重要。那么，在家庭教育中如何培养男孩的金钱观念呢？

第一，让男孩懂得钱的价值。让孩子了解父母的收入来源、开支、储蓄等经济情况，并通过上街购物等机会，做一些物品价格的比较。比如买东西时可以连续逛几家商店，买回物美价廉的商品，然后把省下来的钱给孩子买他向往已久的物品。

第二，让男孩了解家庭的收入和支出。让他明白要想生活得更好，必须付出辛勤的劳动，将来要靠自己自食其力。父母可以给孩子一些机会，让他们去买菜、交电话费等，使孩子知道家里的钱是怎么花出去的，父母每个月都需要支付哪些开支。这样，孩子有了了解家中"财政"的机会，就会更加懂得钱的重要性。

第三，带男孩去商场、菜市场，让他知道生活成本。去菜市场买菜时，不妨带着孩子，告诉他各类蔬菜的价格，给他算算一家人一顿饭的成本等。比如，当你和孩子上街时，孩子要买 3 块钱一个的冰淇淋，这时你不妨告诉他 3 块钱可以买 1 斤黄瓜、1 斤西红柿、半斤豌豆、3 斤小白菜，这些菜一家 3 口两顿也吃不完。从这样的比较中，他也许会恍然大悟："原来 3 块钱可以买这么多的菜呀！"当他了解了 3 块钱在生活中意味着什么，也许会主动对父母说："那我还是别买冰淇淋了吧！买根便宜的冰棍吧！"

通过这些方式，男孩会知道钱是从哪里来的，他会了解钱的来之不易，了解钱在生活中扮演的重要角色。男孩会开始反思自己的消费行为和消费习惯，不会再为满足自己的虚荣心而一味攀比，也就不会再给父母增添沉重的负担了。

细节6 不专注、多动——男孩往往精力过剩

在学校里教课的老师总会发现有这样的情况：男孩的表现不像女孩那样稳定，要么是班里品学兼优的班干部，要么就是"出类拔萃"的坏小子。出现这种现象的原因就在于男孩体内的睾丸激素。这些男孩通常是体格健壮，精力旺盛，注意力集中，喜欢竞争和挑战，而且具有很强的领导能力。

由于男孩的这种精力过剩，使得他们如果不把精力投入到学习或是有意义的事中去，就会投入到恶作剧中去。父母和老师给予正确的引导就变得非常重要了。

有位老师来到了新的班级担任班主任，来到之后才知道这是一个"问题班级"。尤其班上几个捣蛋的男生，素有"四大天王"之称，这个小团伙的头领，是个看上去酷酷的男生，从来不会把老师的话放在心上。如何把这些孩子搞定呢？

这位老师开始观察这个男孩，发现他总是面无表情的样子，就找了个机会把他叫过来问道："这位同学你过来，老师有没有得罪你？"

男孩答："没有。"

"那你怎么总是一副很不高兴的样子，这样很容易使别人误解，以为做了对不起你的事情。下次改过来，好

不好?"

"好。"这个男孩仍然面无表情地说。

"老师看你在同学当中很有威信,现在我给你一个任务,你每天当'警察',负责管理班级的秩序。"

这个男孩简直不敢相信自己的耳朵,一直以来,所有的老师都把他当作有问题的孩子,没想到这位老师会对他委以重任,他点点头。

当上"警察"之后的这个男孩非常认真地完成老师交给他的任务。"站住,怎么迟到了,名字记下来。"他的几个"同党"也协助他一起完成班级的管理。这个被赋予职权的小男生一下子充满了正义感,从此之后不捣蛋了,并注意以身作则,慢慢地开始成长进步。

老师看到这样做很有效果,有一次他又把这个男孩叫过来:"你的工作做得不错,我看你可以当班长,试一试,怎么样?"

这个小男孩简直受宠若惊:"老师,不行的,我当不了。"

"要不就先当一个星期试一试。"

男孩很勉强地答应了,结果这个班长"挂帅"之后就一直干到学期末,而且男孩深知作为班长是品学兼优的代表,文化课的成绩也提高了不少,班级的风气也越变越好。

原本是个"问题男孩",怎么会发生如此大的反差呢?这位老师以他的亲身经历告诉我们:作为父母或老师要能和这样的男孩交朋友,引导他们把精力都放在一些有意义的事情上,这些男孩往往就会变得非常出色。反之,如果父母或老师忽视了这一点,没有对男孩耐心引导,对他们的行为听之任之,这些男孩肯定会到处惹是生非，寻求发泄精力的途径。

建议一：帮助"好动"的男孩集中精力

有一次，一个青年苦恼地对昆虫学家法布尔说："我不知疲倦地把自己的全部精力都花在我爱好的事业上，结果却收效甚微。"法布尔赞许说："看来你是一位献身科学的有志青年。"这位青年说："是啊！我爱科学，可我也爱文学，对音乐和美术我也感兴趣。我把时间全都用上了。"法布尔从口袋里掏出一块放大镜说："把你的精力集中到一个焦点上试试，就像这块凸透镜一样！"

做过凸透镜聚焦实验的人一定知道，强烈的阳光不足以使火柴自燃；而用凸透镜聚光于一点，即使是冬日的阳光，也能使火柴和纸张燃烧。随着科学的发展，人们又进一步把柔和似水的光汇集一束，这就成了无坚不摧的激光武器。这一散一聚，使光的作用和力量发生了多么大的变化！

一个人的精力和时间本来是很有限的，在这种情况下，如果选不准目标，到处乱闯，几年的时间会一晃而过。如果想取得突破性的进展，就要像学打靶一样，迅速瞄准目标；像激光一样，把精力聚于一束。

学习也是如此，尤其是男孩子喜欢多动，喜欢玩耍。在学习的过程中总是不能专心致志。边看电视边写作业，边吃东西边看课外书，等等。注意力不集中的男孩，学习本身就会变成一个很困难的事情，更别说取得好成绩了。所以，父母要督促孩子专心地去学习。

学习生涯和人生是一样的，都不会一帆风顺。都会遇到困难和挫折，学习也是一样，当我们遇到困难的时候，一定要相信只要有耐心，集中精力去解决困难，我们就一定能够获得成功。特别是在考场上，遇到难题的时候要耐心解决，才能获得高分。阿基米德告诉我们只有专注才能将难题攻克。

　　一次，叙拉古的希罗王为了准备一次重要典礼，特地请工匠打了一个纯金的王冠。王冠打好后，大臣们和希罗王都觉得王冠的成色有点不对劲，可是又拿不出有力的证据来证明王冠掺了假，因为王冠的重量与给工匠的金子一样。为了证明王冠是否掺了假，希罗王接受了一位大臣的建议，立即派人去把阿基米德找了过来。阿基米德接到这个棘手的问题后，一时也没有主意。但他对国王说："陛下，请给我7天的时间，7天后我保证给您答案。"

　　阿基米德辞别国王，回到家中，关上房门，不接见任何客人。他想啊想，5天过去了，仍然一无所获。到了第6天，他妻子建议他出去走走，于是他决定先去洗个澡。这几天太紧张了，他想放松放松，缓和一下紧张的神经，然后再去思考。

　　浴池里热气腾腾，浴池里的水非常满。阿基米德脱了衣服跳进浴池，他发现，当他的脚伸入浴池时，热水就溢出不少，当他的整个身体都进入时，热水溢了一地。

　　忽然，灵感来了，解开王冠之谜的方法终于有了。他高兴得连衣服都忘了穿，光着身子跑出了澡堂，一边跑，一边不停地喊道："我找到了，我找到了！"街上的人都以异样的眼光看着他，他全然不顾。

　　回到家中，他以清晰的思路想了想，并做了实验验证，然后立即来到王宫求见国王。阿基米德让侍从拿来一个小盆，里面灌满了水，再准备一块与王冠同样重量的金子和一个大空盆。他先把金子放进盛满水的盆，让溢出的水全部流进大空盆，然后用一个小杯子装起来。他又用同样的方法将王冠放入盛满水的小盆，如此演示了一遍。他将两个杯子里的水进行比较，发现浸泡王冠溢出来的水要比浸泡纯金块溢出来的水多一些。据此，阿基米德判断王冠不是用纯金制成的。

国王看了实验的全过程，听了阿基米德的分析之后，立刻派人把工匠找来。工匠在事实面前，只得把掺假的勾当说出来。

实际上阿基米德能成功提出检验王冠掺假的方案，不仅仅是因为他的聪明，还因为他的专注，他有耐心去钻研难题的精神。这是父母要引导男孩向阿基米德学习的地方。

在平时的学习和考试的过程中，假如男孩遇到了难题，千万不要让他因此而心烦意乱，要耐心专注，这样问题就会变得容易解决。所以培养男孩养成耐心专注解决苦难的习惯是必需的，这才有助于学习成绩的提高。如何养成呢？

第一，不管是在日常的学习中，还是考试时，当男孩遇到临时想不起来的问题时告诉他们要镇定。只有镇定，才会让他们的记忆慢慢恢复，才能有机会找到问题的突破点。

第二，让孩子不要有畏难情绪。他们所谓的难题其实就是那些综合性比较强的题。对于这样的题来说，他们只要耐心分析就会发现，都是由基本的知识点组成的。难题不会处处为难，再难也不会超出大纲的要求。这个时候耐心专注，集中精力就会攻破难关。

建议二：外面的世界更适合男孩

男孩的特性就是喜动不喜静，他们有使不完的精力，其实，我们并不能完全责备这些精力充沛的男孩，他们总是做一些危险的游戏是有原因的。男孩体内的男性荷尔蒙——睾丸素决定了男孩们天性中的"冒险情结"。

牛津大学的教授克拉克从小有一个梦想，就是希望自己能像他心目中的英雄那样能改变世界，服务于全人类。不过，要实现他的目标，他需要受最好的教育，他知道只有在美国才能接受他需要的教育。

无奈的是，他身无分文，没办法支付路费，而到美国足有 1 万公里的距离。而且，他根本不知要上什么学校，也不知道会被什么学校招收。

但克拉克还是出发了。他必须踏上征途。他徒步从家乡尼亚萨兰村庄向北穿过东非荒原到达开罗，在那儿他可以乘船到美国，开始他的大学教育。他一心只想着一定要踏上那片可以帮助他把握自己命运的土地，其他的一切都可以置之度外。

在崎岖的非洲大地上，艰难跋涉了整整 5 天以后，克拉克仅仅前进了 25 英里。食物吃光了，水也快喝完了，而且他身无分文。要想继续完成后面的几千英里的路程似乎是不可能的，但克拉克清楚地知道回头就是放弃，就是重新回到贫穷和无知。

他对自己发誓：不到美国誓不罢休，除非自己死了。他继续前行。

有时他与陌生人同行，但更多的时候则是孤独地步行。大多数夜晚都是过着大地为床，星空为被的生活。他依靠野果和其他可吃的植物维持生命。艰苦的旅途生活使他变得又瘦又弱。

由于疲惫不堪和心灰意冷，克拉克几欲放弃。他曾想说："回家也许会比继续这似乎愚蠢的旅途和冒险更好一些。"

他并未回家，而是翻开了他的两本书，读着那熟悉的语句，他又恢复了对自己和目标的信心，继续前行。要到美国去，克拉克必须具有护照和签证，但要得到护照他必须向美国政府提供确切的出生日期证明，更糟糕的是要拿到签证，他还需要证明他拥有支付他往返美国的费用。

克拉克只好再次拿起纸笔给他童年时起就曾教过他的传教士们写了封求助信。结果传教士们通过政府渠道帮助他很快拿到了护照。然而，克拉克还是缺少领取签证所必须拥有的那笔航空费用。

克拉克并不灰心，而是继续向开罗前进，他相信自己一定能通过某种途径得到自己需要的这笔钱。

几个月过去了，他勇敢的旅途事迹也渐渐地广为人知。关于他的事迹已经在非洲大陆和华盛顿佛农山区广为流传。斯卡吉特峡谷学院的学生们在当地市民的帮助下，寄给克拉克640美元，用以支付他来美国的费用。当他得知这些人的慷慨帮助后，克拉克疲惫地跪在地上，满怀喜悦和感激。

1960年12月，经过2年多的行程，克拉克终于来到了斯卡吉特峡谷学院。手持自己宝贵的两本书，他骄傲地跨进了学院高耸的大门。

对于男孩来说，敢于以执著和冒险的精神走向外面的世界，正是一种证明自我的机会。一个优秀的男孩应该是具备远见卓识的，而具备这一条件的前提就是要亲身去感受更多的事情，以此来丰富自己的阅历。对于男孩的父母来说，应鼓励男孩走出自己的小圈子，接触更多的人，体验更多的事。

冒险，是男孩成长的"催化剂"。正是它一步步地把男孩从脆弱引向坚强。人生的过程，其实就是一连串的冒险的过程。男孩正是在一连串的冒险中学会了勇敢，锻炼了体魄，增长了智慧，开发了潜能，形成了创造力。

让男孩走出去，还得要鼓励男孩的冒险精神，不要总是担心孩子会出危险。举例来说，爬树是诸多冒险行为中最受男孩尊崇的一种。这在父母看来是一种危险，而对男孩来说却是有价值的危险。首先，男孩可以看到树的整体，判断自己是否能爬上去。如果认为能爬，就会想到下一步的方法，确定从何处往上爬，哪个树枝能否支撑自己的体重，需要确认的项目很多。这样，当男孩根据自己的印象判断能够爬到树顶时，便决定进行实际爬树，当然有时也会从树上掉下来受伤。但这是因为自己的判断不准确而产生的失败，这将成为下一次成功爬树的反面经验。

家长要培养男孩的冒险精神，就要从孩子小的时候做起。做父母的，应该鼓励男孩做各种有益的游戏，支持孩子参与各种有益的活动。不要害怕孩子会摔跤，能自己爬起来的孩子的脚步会更稳健；也不要担心孩子会受伤，因为只有经过摔打的体魄才更强健。

父母应随时鼓励男孩去探索、去实践，不要对孩子的尝试大呼小叫，多带孩子出去走走，允许孩子和自己的朋友伙伴自行出去郊游，多给孩子一些自己去克服一定程度危险的机会。

第二章　爸爸是男孩的榜样

——爸爸的性格决定男孩的性格

细节7　爸爸是男孩眼中的超人

　　学前教育专家说：对孩子而言，爸爸意味着安全和自信。幼儿园有一种户外活动器材，在爸爸妈妈接孩子回家时，经常会有孩子爬到上面下不来，害怕地叫爸爸或妈妈。妈妈听到叫声后总是急急忙忙把孩子抱下来，宝宝长宝宝短地哄着。而爸爸听到叫声后往往对孩子说，你自己下来！能上去就能下来。生活中的妈妈一般较爸爸胆小、感情丰富，容易被电视剧或者身边人的故事打动，而爸爸在这方面更容易影响孩子形成勇敢的品质，这一点对男孩儿来说很重要。

　　这位教育专家还说："如果我办幼儿园，我会隔一段时间就请一位男老师（或爸爸）来给孩子们上课。"幼儿园女教师居多，不利于男孩的成长，也不利于女孩完整个性的形成。男性能显示给孩子的勇敢、自信、安全、坚毅、强悍的性格特征，孩子的性格形成，与父母个性影响有很大关系，而爸爸的影响力比妈妈更大。

　　爸爸同子女的关系愈健全，子女应付社会压力的能力也愈大。曾有一对夫妻在阳台上看见儿子与别人打架，这位爸爸在阳台上大声喊道："打得过就打，打不过就跑。"一句话提醒了儿子，儿子本无心恋战，一溜烟跑回家。妈妈就容易指责自己的孩子或指责别人的孩子，把本该结束的事件延续。这就是一个很典型的性别影响性格的案例。

　　在培养孩子的性格上，父亲不仅需要具备探求新知的好奇心，也需要思考辨别生活中的常规，勇于尝试、勇于挑战，为孩子的成长创造更加适合的条件和土壤。

父爱对孩子来说另外一个重要的影响就是让孩子形成正确的性别意识。每个爸爸都有自己的教养哲学，但永远都在儿子与女儿两种世界里变化。男孩和女孩对同一信息会有各自的理解，这种差异的原理在于生理上本身的不同，男孩注重逻辑，女孩比较发散，因而父亲对男孩和女孩的影响也是不同的，在男孩子的世界里，父亲是超级英雄，是力量和权威的象征；在女儿的世界里，父亲则是依靠和信赖的对象，是女儿的第一个异性朋友。

父亲积极地和孩子交往，有助于孩子对男性、女性的作用与态度有一个积极、适当而灵活的理解。研究表明，男孩在 4 岁前失去父亲，会使他们缺乏攻击性，在性别角色中倾向于女性化的表现——喜欢非身体性的、非竞赛性的活动，如看书、看电视、听故事、猜谜语等。

男性向往权利，即使在父亲与儿子之间也是如此。男孩子向往与父亲之间是相互尊重、相互配合的关系，当他发现自己被当成一个男子汉来对待的时候，他会感到自己的存在价值。

男孩子的心里有强烈的自我独立感，他们不希望被指挥，当他们向父亲诉说种种不愉快的事情的时候，也许并不是在寻求答案，而是想抒发一下感情，怎样做他们已经知道。因此父亲不要急于给儿子一些建议，这是男孩子成长的时间，他们在运用自己的能力摆平问题，父亲只需要鼓励他、相信他。这样有助于提醒他：你是一个男子汉，我相信你自己能解决问题。

如果一个男孩子在遇到困难的时候，还哭哭啼啼地找爸爸来帮忙，这时爸爸就应该好好反思一下自己对待男子汉的方式了，是不是不太信任他？是不是总觉得他还只是一个孩子？如果你想培养一个勇敢的男子汉，那就抛弃过多的爱，放开孩子的手脚让他成长。

建议一：做个有远见卓识的好爸爸

心有多大，舞台就有多大。心中的梦想决定着人生的成就。志存高远，执著追求，是一切成功者的共同特征。如果想培养出一个优秀的男孩，就要让他们从小树立远大梦想。

放眼古今中外，无数杰出人士都具有远大的梦想。汉代司马迁一生著《史记》，"欲究天人之际，成一家之言"；鲁迅"横眉冷对千夫指，俯首甘为孺子牛"，用一支笔为同胞呐喊终生。

梦想有多大，人生的成就就有多大。家长在教育男孩的时候，要鼓励他们树立梦想，不要轻易打碎他们的梦想。

一位成功人士回忆他的经历时颇有感慨地说："小学六年级的时候，我考试得了全班第一名，出于奖励，老师送我一本世界地图，我真的特别高兴和兴奋，跑回家就开始认真地看这本世界地图。很不幸，那天轮到我为家人烧洗澡水。于是，我就一边烧水，一边在灶边看地图，看到一张埃及地图，想到埃及一定是一个令人向往的神秘世界。埃及有金字塔，有埃及艳后，有尼罗河，有法老王，还有很多令人着迷的东西，心想长大以后有机会我一定要去埃及，去体味一下那里的神奇和美妙。

"正当我看得入神的时候，爸爸突然进来怒气冲冲地跟我说：'你在干什么？'我猛地抬头一看，原来是爸爸，我理直气壮地说：'我在看地图！'爸爸很生气，说：'火都熄了，看什么地图！'我继续有恃无恐地大声说：'我在看埃及的地图。'我父亲跑过来'啪、啪'给了我两个耳光，然后愤怒说：'赶快生火！看什么埃及地图。'打完后，还踢我屁股一脚，把我踢到火炉旁边去，用很严肃的表情跟我讲：'我向你保证！你这辈子都不可能到那么遥远的地方去！赶快生火吧！整天想入非非，你以为想怎么样就能怎么样呀？'

"我当时看着我爸爸，呆住了，心想：'他怎么给我这么奇怪的保证？真的吗？我这一生真的不可能去埃及吗？'他的保证一直萦绕在我的耳边，伴随着我成长。但是，我从来没有放弃过去埃及的梦想。20年后，我第一次出国就去了埃及，我的朋友都问我：'到埃及干什么？'那时候还没开放观光，出国是很难的。我说：'因为我的生命不要被保证。'于是，我自己跑到埃及旅行。

"有一天，我坐在金字塔前面的台阶上，寄了张明信片给我爸爸。我这样写道：'亲爱的爸爸，我现在在埃及的金字塔前面给你写信，记得小时候，你打我两个耳光，还踢我一脚，保证我不能到这么远的地方来，现在我就坐在这里——埃及金字塔前面给你写信。'写的时候感触颇深。我爸爸收到明信片时跟我妈妈说：'哦！这是哪一次打的，怎么那么有效？一脚踢到埃及去了。'"

作为男孩有自己的梦想是很难得的，我们做家长的在家庭教育中千万不要像上文中的父亲那样，扼杀孩子的梦。我们要做一个呵护孩子梦想的父母，在日常生活中要时时鼓励孩子树立远大的梦想，还要让他们知道要实现自己的理想，就应当注重行动，在行动中去实现自己的梦想。

建议二：男孩和爸爸学说话学得最快

如果将处于学习语言期的儿童分成两组，一组和爸爸接触，一组和爸爸不接触，你会发现与爸爸接触较多的孩子在语言表达上更有优势。也就是说，爸爸会让孩子学会说一些完整的句子。

说话，看起来是迟早都会学会的事情，很多爸爸觉得不用太在意。但在说话的背后，其实是孩子的逻辑思考能力的成长。如果他善于言谈，思维敏捷，不仅是在说话上有优势，在做其他事情的时候也能有条不紊，具有较强的思辨能力。

但在孩子的生活中，往往是和妈妈对话较多，和爸爸的交流少一些。有的爸爸因为自身的性格原因，也不怎么和孩子说话，这对幼儿期的孩子来说，等于是一种资源浪费，也是一个损失。

一般来说，男性的理性思维比较浓，在一些重大问题上比较理智，看得长远，表现在说话方面就是语言逻辑缜密，有很强的递进关系。爸爸简简单单的几句话，对于孩子来说就是一个很好的学习范本，他们会跟着说同样逻辑的句子，慢慢提高自己的逻辑能力。

正因为如此，爸爸在孩子处于语言学习期的时候需要注意几个问题：

第一，让孩子保持一颗快乐好奇的心。我们常常取笑"鹦鹉学舌"的人，因为他们没有思考，人云亦云。但是我们在教孩子的时候，也常在急迫的心境下让孩子去鹦鹉学舌。其实孩子根本不懂语言的含义，如果让他反复重复一些并不理解的声调，只会使孩子感到紧张和痛苦，失去对学语言的兴趣。所以爸爸和妈妈要配合，发现孩子对什么最感兴趣，多在孩子感兴趣的东西上对话。爸爸也要保持一个轻松愉快的表情和心境，不能把自己当成教官。

第二，对孩子分心表现出宽容态度。年幼儿童在学习时分心是很常见的，关键是如何引导孩子，切忌硬逼或训斥。当孩子在学习中不合作的时候，爸爸最好的办法是什么也不说，自己继续游戏，假装没有注意到孩子分心了。如果孩子完全不配合、发脾气，等等，爸爸可以离开房间几分钟后再继续。而在孩子调皮捣蛋的时候，爸爸收拾好全部玩具结束游戏则是下下策。

第三，对孩子说完整的句子。"来，让我们坐车车。"这是很多妈妈、奶奶经常说的话，本来很少有父亲主动这样和孩子说话，但有时候随着妈妈他们，也说这些不完整的句子。这样其实对孩子的语言发展并没有好处。可能大人觉得叠词减低了孩子理解的难度，事实上孩子理解任何新词需要的能力是差不多的，"车车"和"汽车"对他来说是一样的。如果爸爸能表达准确，孩子也会跟着模仿这种正规的说话方式。

当然，爸爸说话是为了孩子学习语言，并不是做演讲。所以不要自顾自地说，也不要提太多问题。

第四，持之以恒。爸爸要坚持长期和孩子对话，不能兴趣来了就说，没有兴趣了就不说了不管了。最好是在孩子精力最充沛、注意力较集中的时候，这样学习的效果就会好一些。

第五，记录孩子的进步。长期看不到孩子的进步，会影响父母教孩子的积极性。为了避免这一点，建议爸爸也做一个有心人，记录他们用词汇的性质，是名词还是动词，是一个字还是两个字的词语，是短语还是句子。这样爸爸才能对孩子的进步和掌握的情况有一个整体的把握。

一般来说，具备较高语言智能的孩子，有一些特别的表现，比如喜欢听故事、儿歌；善于模仿他人的声音和语言；喜欢讲话，擅长口头表达，词汇很丰富；喜欢阅读，即使不认识字，也能独立翻阅图画书；擅长记忆名字、地点、日期和琐事，能很容易地完整复述故事；总是问有关词、声音或事物名称的问题，如"这是什么意思";喜欢玩文字游戏,善于理解谜语、笑话;喜欢涂涂写写,等等。如果孩子在这些方面有很好的表现,爸爸应该多多鼓励孩子在语言方面继续发展,多和他对话,给他讲故事,或者帮他挑选一些适宜的图书。

细节 8　有爸爸的陪伴，男孩更易成长为男子汉

"男人来自火星，女人来自金星。"这是美国著名的畅销书作家约翰·格雷的经典命题，爸爸妈妈自身的性别特质本身就是教育孩子的一种"优势"，爸爸身上的阳刚之气、果敢、坚毅的性格等都是妈妈难以展现出来的，聪明的爸爸会懂得利用自己的性别优势来打造男孩的男子汉气概。

学习更符合自己性别特质的教养智慧，对父母和孩子来说都是一件意义重大的事情。在我们传统的中国人眼中，父亲就是整个家庭的主心骨，他是家庭经济上的主要来源，也是全家重要事情的决策者。父亲在男孩的眼中，常常就是一个无所不能的"超人"角色。

"父亲"这个岗位对男孩来说究竟意味着什么？经过大量的调查研究，育儿专家给"父亲"这个岗位提出如下几个方面的要求和定义：

1. 父亲是男孩游戏的重要伙伴，孩子需要在游戏中成长

家庭组织一次野餐，父亲常常会带着男孩上山采果、下河摸鱼。在男孩看来，唯有父亲能陪他完成这次冒险，并且在危难的时候帮助他。即使在家里，父亲也常常会用触觉、肢体运动的游戏把男孩举到肩上，来回旋转，或抛向天空。这些动作常有一定

的危险性，但父亲的大手和力量可以让男孩感受到刺激与安全，男孩快乐地"咯咯"大笑。

在刚开始的 20 个月时，父亲成为男孩的基本游戏伙伴，20 个月的婴儿对父亲的游戏明显地感兴趣，反应积极；30 个月以后，则成为主要的游戏伙伴。这时的婴儿能兴奋、激动、投入、亲近、合作而有兴致地和父亲一起游戏，他们会把父亲作为第一游戏伙伴来选择。

2. 父亲帮助男孩形成积极个性品质，培养男孩的正面情绪

在现代社会，男性的独立、自主、坚强、果断、自信、与人合作、有进取心等更是富有创业精神的一代人积极学习的精神。父亲正是促进男孩形成积极个性的关键因素。理想的父亲通常具有独立、自信、自主、坚毅、勇敢、果断、坚强、敢于冒险、勇于克服困难、富有进取心、富有合作精神、热情、外向、开朗、大方、宽厚等个性特征。

男孩在与父亲的互动中，一方面，接受影响并且不知不觉地学习、模仿；另一方面，父亲也自觉、不自觉地要求男孩具有以上特征。如果男孩在 5 岁前失去父亲，对他的个性发展会非常不利。男孩年龄越小，影响越大。没有父亲的男孩缺少克服困难的勇气，具有较多的依赖性，缺乏自信、进取心，同时在控制冲动和道德品质发展上也有不利的影响。

3. 父亲能提高男孩社交技能，让男孩今后成为乐于协作的人

父亲是保持家庭与外部社会联系的"外交官"，对男孩社交需要的满足、社交技能的提高具有极其重要的作用。随着男孩长大，他与外界交往的需要日益增多，父亲成为男孩重要的游戏伙伴，

扩大了男孩的社交范围，丰富了男孩的社交内容，满足了男孩的社交需要。

同时，父亲和男孩的交往使男孩掌握更多、更丰富的社交经验，掌握更多、更成熟的社交技能。当男孩在和父亲的游戏中反应积极、活跃时，在和同伴的交往中也较受欢迎。因为父亲影响了他的交往态度，使他喜欢交往，在交往中更加积极、主动、自信、活跃。

4. 父亲能促进男孩认知发展，提高男孩的智商和情商

由于父亲性格、能力等的独特特点，特别是父亲与男孩在交往上的独特性，使男孩从母亲和父亲那里得到的认知上的收获是不完全相同的。从母亲那儿，男孩可以更多学到语言、日常生活知识、物体用途、玩具的一般使用方法。从父亲那儿，则可以学到更丰富、广阔的知识，比如认识自然、社会的知识，并通过操作、探索、花样繁多的活动、玩法，逐步培养起动手操作能力、探索精神。男孩的想象力受到刺激、变得丰富，并愿意动脑、有创造意识，他的求知欲和好奇心也同步发展。

可以看到，男孩将来在社会生活中需要的知识、沟通技巧都受到父亲的影响，而且这种影响力是持久的、牢固的。没有父亲的人，常常感到不安、自卑，也不愿意与他人交流，生活在压力之中。正是父亲，为男孩的成长支起了一片天空，在他还没有能力经受风雨的时候，给他时间成长筋骨、养精蓄锐。父亲是世界上最重要的岗位，认识到这一点，对每一个父亲来说，既是重要的责任，也是迈向成功教育的第一步。

性格决定命运已经不是新鲜的话题，但谁更能影响男孩的性格呢？答案就是父亲。所以父亲一定要注意培养男孩的好性格。

男性能显示给孩子勇敢、自信、安全、坚毅、强悍的性格特

征，孩子的性格形成，与父母个性影响有很大关系，而爸爸的影响力又比妈妈的大。

有一本很著名的励志书中讲到，如果一个人拥有了好的性格，他再有勤奋、智慧等等优点中的任何一条，就能走向成功了。从爸爸们的生活经验来判断，好性格对人的影响力也是不言自明的。我们都知道，好性格不仅是具有脾气好、能为别人着想、看得开这些特征，更是积极进取、愈挫愈勇、追求卓越的一种习惯。这也是男孩从父亲那里得到的最好的财富。

建议一：父爱的影响力伴随男孩一生

看到一条河流，男人注意到的是它的速度和水量，目测它的深度，并猜想自己是否可以穿过它到达彼岸；而女人会注意那些愉快的浪花、晶莹的水泽，有的还会脱下鞋子跳进河里，顾不得水流里是否暗藏危险。这就是男人与女人的区别，因而我们常听说，"男人来自火星，女人来自金星"。

"男人来自火星，女人来自金星"这个美国著名的畅销书作家约翰·格雷的经典命题，让人们开始注意到男女本身的不同。

小琛一家到郊区野餐，在爸爸的鼓励下，小琛开始寻找各种各样的小动物，并且捕捉他们，要带它们回家做标本。在看到一只野兔时，爸爸兴奋地大叫："快看，有一只野兔，可惜我们离它太远了，不然我们一定将它抓住，做一顿美味的野兔大餐。"听到爸爸的话，小琛也开始紧紧盯着那只兔子，目光中充满征服的欲望。

当午餐的时候，小琛把他们看见野兔的经历讲给妈妈听，语气中满是遗憾，没想到妈妈却说："为什么要吃掉那只兔子呢，也许他们也是一家人出来晒太阳，享受今天的好天气呢。你想想，要是有人把你带走，爸爸妈妈该多么难过，同样的道理，我们怎么能从野兔的家庭里夺走一个成员，更别说要残忍地吃掉它了。"

男人的攻击性和女人的多愁善感，让爸爸妈妈对孩子有截然不同的要求，而这也让孩子掉进一个矛盾的思维世界，由于没有思维判断的能力，孩子可能会依据自己平时的亲疏感来决定听谁的说法，如果一直崇拜爸爸，那么妈妈的主张就可能被抛在脑后了。这样的情况时有发生，一方面，可能会激发孩子自己去思考辨别；另一方面，也可能让孩子莫衷一是。

怎样的教育才不会前后矛盾，让孩子有一个学习的标准呢？这里，也同样需要依据爸爸妈妈自身的性别特质来教养孩子。

爸爸可以发挥自己身上本来的健壮、理性、创新的特质，让孩子在生活中体会到主见、责任和原则。这些抽象的概念本身是很难对孩子有所启发的，但是通过父亲示范，孩子会将这些优秀的品质和人生必备的智慧，自然地纳入到自己的思维世界中，形成一个大体的框架。

　　小雨的爸爸常常自己钻研新东西，并且邀请小雨作为自己的搭档。面对一些看不懂的术语或是单词，两个人就商量着它可能的含义。有英语基础的小雨教爸爸如何使用在线翻译，他自己的英语学习积极性也大大提高。邻居遇到一些常见的问题，小雨爸爸也是毫不犹豫地出手相助，正是这些点点滴滴，影响了他的男儿本色的养成。

妈妈也同样可以将自己最温柔、秀美的一面展示给孩子，妈妈是孩子最信赖的朋友，也是他日常生活中接触最为亲密的人，再没有谁比妈妈更适合教会孩子如何与人接触，因为他会将妈妈对待他的方式，运用到对待他人的过程之中。

小雨的妈妈，在生活中勤劳、节俭。对于有困难的人，她从不简单地施舍，而是照顾别人的感受，想方设法给别人恰当的帮助。和小雨说话时，妈妈从来不会一副心不在焉的样子。她还向小雨学习上网、聊天，并且学会了使用五笔打字，母子之间的感情变得更加融洽了。

建议二：爸爸再忙也要抽时间陪孩子

"朝九晚六"是现在上班族的标准时刻表，这对于一个养家的父亲来说，意味着早上在孩子起床之前出门，晚上在他已经玩了一天、感到疲惫的时候回家。现代生活的节奏，已经让父亲错过了很多与孩子相处的时光，更不必说加班、堵车等支付的时间了。剩下的周末情况如何呢？

孩子终于盼来了周末，他希望这一次能够和爸爸妈妈一起度过，是去动物园还是去植物园，都听爸爸的安排。孩子的爸爸是一家公司的销售经理，在公司基层工作了几年，终于赢得了领导的肯定。现在是公司大胆用人的时候，如果业绩突出，他很有可能被继续器重。

这个周末，爸爸也打算陪一陪孩子，平时加班工作，一天中都难得见上一面。但是恰好周五有客户打电话约他一起去郊区钓鱼，这样绝好的交流机会，让爸爸左右为难。

后来爸爸想到，自己能为孩子做得最多的，就是给他一个好的生活环境，衣食无忧，最好还能有一笔可观的教育积蓄，保障他将来能上最好的学校、出国留学接受最好的教育。而陪孩子出去玩的事情，妈妈奶奶她们也可以带着一起去，父亲最后决定去见客户。

爸爸心理的这番斗争，不仅说服了自己，相信也说服了很多读者。的确，在现在社会里，努力工作存钱是最保守的法则。但是这样的选择是最优的吗，用经济学的话来说，这种选择的效益是最大的吗？

按照效益最大化的原则，我们首先要来认识爸爸做出取舍的主要动机。根据孩子爸爸的推理过程，我们知道他最终都是为了孩子好，让他生活有保障，感到幸福。那孩子最需要的是什么呢？

孩子如果需要的仅仅是去了解植物、动物的机会，那谁带他去都可以，甚至找一个生物学家去是最合适的。但是对于孩子来说，他内心最需要的，其实是一种爱的感觉——和爸爸妈妈在一起，相互交流，在亲密的接触中感受到爱和温暖。这种被爱的感觉，是孩子日后乐观、自信、积极的动力，也能让孩子体会到安全感和归宿感。成年人中，也常常会有人希望听到一遍又一遍"我爱你"的表白来确定一种稳定的关系，孩子的心里更是渴望他们刚刚意识到的爱的关系被行动证明。而爸爸的陪伴，就是最好的证明方式。这种证明的行为，非爸爸不能完成，非此时不能完成。

孩子对父母的情感需求是有一个规律的，从寸步不离到不胜其烦，有自己的变化。一旦父亲错过这个规律，希望将来再弥补，就没有现在这样自然而然而且效果最佳了。反倒是给孩子的物质生活条件，可以慢慢地积累，不像孩子的成长那样无法挽回。

都说忙是为了家人，等到了爸爸们也老去需要陪伴的时候，才会明白被人冷落的滋味。

孩子给爸爸打电话：爸爸，你什么时候回来陪我看电视？

爸爸说：好孩子，我现在在外面工作，没有时间。和你妈妈一起看电视吧。

30年后，爸爸给儿子打电话说：孩子，你什么时候回来陪我们吃顿饭吧。

儿子说：爸爸，我现在在外面工作，没有时间，您就和妈两人吃吧。

其实家人能够在一起的时间并不多，孩子上学读书之后，在家里待的时间只会越来越少。你现在不去陪陪他，他将来也没有时间来陪你。彼此的失望是相似的，家人之间的责任缺失也是相仿的。好孩子要慢慢养，不管怎样，都要从彼此相互关注和陪伴开始。

细节9　了解男孩才能教育男孩

家长应采取易于为孩子接受的平等对话方式去理解孩子，相信孩子，做孩子的知心朋友，否则会拉远自己与孩子的距离甚至使孩子产生隔阂及逆反心理，不利于家庭教育的实施。家长的所作所为是无声的语言教养，良好的亲子沟通培养优秀的内在品质。

我国翻译学家傅雷先生堪称教育孩子的楷模，他特别注重与孩子的思想交流，教孩子仪表、修养、礼节及做人的道理，与孩子交朋友，孩子一直受到他的教诲和指导。他的优秀育儿方法是值得广大家长朋友学习的。

傅聪曾回忆说："我父亲留学法国，深受法国的人文主义影响，因此对我们子女也是民主式教育，在家里他不仅仅是父亲，还是我们的知心朋友。在艺术上表现得尤为突出。除了文学音乐，我父亲也很喜欢美术，记得家里有很多美术作品。长期受这种文化熏陶，我也很自然地喜欢美术音乐。我们经常交流对音乐绘画的看法，从父亲那里学到了很多，让我受益匪浅。我是12岁才开始学钢琴，学了两年又放了，直到17岁又开始学。这期间都是我的意愿，父亲没有非让我学钢琴或绘画。父亲总能像朋友一样，尊重我的兴趣和爱好。"

父母是孩子最好的老师，但是也可以做孩子最好的朋友。但是由于父母受传统观念的尊卑影响，很难跟自己的孩子交上朋友。事实上，只要父母放下自己的架子，与孩子多沟通，了解孩子的想法，真正走入孩子的世界，做孩子的知心朋友还是可以实现的。

要像傅雷那样做孩子的知心朋友，教育家给大家的建议是：

第一，不要总是盯着孩子的缺点。从心理学上分析，孩子是心理和行为的不成熟个体，家长必须对他们加以正确的指导和培养，在这个过程中如果家长像朋友一样与孩子一起成长，效果会很好。但是，家庭教育中常见的问题是，父母对孩子寄予厚望，为了达到自己设定的目标，在孩子耳边不停地叮嘱、提醒。这种做法往往收效甚微，甚至适得其反，使孩子产生厌烦情绪，还容易挫伤他们的自信心和自尊心。有些家长眼睛总是盯着孩子的缺点，只讲缺点，不提进步。其实，绝大多数孩子已能分辨是非善恶，只是缺少改正缺点的自觉和毅力。如果父母总是喋喋不休地数落孩子的缺点，反反复复地教训孩子，他们会将此视为不信任，甚至产生逆反心理。这样一来，别说做知心朋友了，连正常的亲子关系也会被破坏。

第二，注意和孩子的情感交流。注重与孩子的情感交流是与孩子成为知心朋友的前提，与孩子交流的时间最好选在吃饭时和睡觉前，因为这是孩子情绪最为平稳的时候。一个母亲，她从孩子很小时，就注意和孩子的情感交流。每天在孩子上床时都要问问他："今天过得开心吗？"孩子长大后，就形成了在睡前和父母沟通的习惯，有什么不顺心的事就像朋友一样告诉父母。有了这样的感情基础，孩子就容易接受父母的建议和忠告，很容易跟父母建立起朋友的关系。

建议一：我是职业父亲——好爸爸给自己一个定位

生活中有很多种明星，娱乐明星、政治明星、体育明星、厨艺明星，当然也有爸爸行业的明星，蔡笑晚就是其中之一。

蔡笑晚是 6 个孩子的父亲，他培养出了 5 个博士 1 个硕士，他用一本书来总结自己的人生感悟——《我的事业是父亲》。人们称蔡笑晚为"博士之父"，这个头衔带给蔡笑晚的成就感不亚于"微软之父""电车之父"。不过，蔡笑晚年轻的时候从未料到自己能得到这样一个头衔。

年轻时的蔡笑晚想当一名科学家，但被迫从大学回到农村，这段经历对蔡笑晚来说异常沉重、无奈。当了爸爸之后，蔡笑晚特地改了个名，也就是我们今天看到的"笑晚"：既然不能在青春年少时开怀畅笑，就要让自己笑在最晚，对子女的期待在当时就是他唯一的安慰。

虽然生在最底层的家庭，但蔡笑晚很重视早期教育，在他的教育下，孩子们 4 岁就会四位数的算术，个个都喜欢学习，而且继承了父亲的志愿，想要成为科学家。

"做一个好父亲，我想光有志气和热血是不够的，身教重于言传，所以我这个父亲还是孩子的榜样。他们学习，我也在学习，学相对论、高等数学、中西医，后来我成了瑞安当地挺有名的医生……另外，我从来不打骂孩子，家里气氛很开心。只有 32 平方米的家里还装了一个舞厅用的旋转灯，办家庭舞会。我还和妻子自己设计旅游路线，带着孩子们走遍了关内关外、大江南北。"

自从做了父亲之后，蔡笑晚的人生都在围绕着孩子们转，他坦言如果当初实现了自己的理想，可能就没时间和精力来培养孩子了，这叫"塞翁失马，焉知非福"。如今，蔡笑晚当年的大学同学有的当了官，有的是大老板，但同学们聚会的时候都说最羡慕蔡笑晚。越是上了年纪，越是能明白父母的最大安慰是儿女。

一个人事业上再成功，如果没有一个完满的家庭，总会觉得

爸是男孩的榜样

有遗憾。子不教，父之过。一个没有被教育好的孩子，不仅是爸爸的痛楚，也会成为社会的"短板"。培养一个对社会有用的人才，也是父亲身上的责任。这份责任从小处来说，意味着家族的延续和体面；往大处说，它决定了中华民族的未来。

在日本，常常会听到"亲子"这个词汇。"亲子"是日语，翻译成中文就是父母与孩子。无论是在幼儿园还是社区，以"亲子"为中心的各种活动很常见。特别是运动会，一般的学校或幼儿园，都会设置一些让父母和孩子一起参加的项目。而父母也会积极地配合参加，他们普遍认为，这样既可以提高孩子参加体育运动的兴趣，也可以增进父母与孩子之间的感情交流。父亲在日本家庭中是一个权威者的形象，但日本父亲依然要参与到孩子的成长中，中国也有严父慈母的传统家庭观念，父亲的严格教育帮助孩子把握人生的大方向，避免走上歧路。但如今忙碌的生活和工作从孩子成长的世界里夺走了爸爸们，"留守儿童"与托儿所成为社会的热点词语，还有多少爸爸能像蔡笑晚一样，明白自己有一个终身职业是"父亲"呢？

出生于20世纪80年代前后的人，现在正是组建家庭的时期，这代人或多或少，还能从父母的身上找到一些20世纪60年代的影子：不善交流、没有耐心去聆听、忽视内心的感受、控制严厉等，而父亲的刻板形象，也根深蒂固地融入到下一代父亲的教育中。今天，当爸爸再来养育孩子的时候，父母那一代人留给自己的影响固然不可能彻底避免，但我们可以有意识地纠正自己的教育方式，避免过往的时代伤痕再来伤害孩子，也避免父亲真正的教育功能一再缺失。

从教育的角度来说，无论父亲是否"恪尽职守"，孩子都对父爱有定性的需求，父爱的影响力体现在孩子成长的方方面面，从心理成长到身体成长，父亲是孩子生命中的一部分。虽然现代生活的快节奏一再地和孩子们抢夺父亲的空间，但当你选择成为父亲的时候，也要明白你其实选择了一个职业——父亲。

建议二：做一个活力十足的好爸爸

伯尔的父亲是德国一个公司的小职员。他算不上成功的男士，事业平平，但却一直深刻地影响着两个儿子。

父亲非常喜欢历史，他总是在家里大声地谈论历史上一些有趣的事，给伯尔狭小的生活空间带来了色彩。父亲经常在孩子面前发表他的意见，甚至和兄弟俩探讨世界大战的问题。镇上如果有演讲，他总是带孩子们去听，而且大多是坐在最前面。由于母亲总是担心孩子出问题，做任何事情都谨小慎微，所以，父亲就和孩子们悄悄地商量他们的野营计划，避免母亲的担忧。第二天，当妈妈的唠叨被甩在了耳后时，伯尔和哥哥都高兴极了，觉得是在进行一件很保密、很刺激的事情，因此都非常配合父亲的行动。

父亲总是带着孩子们去很远的地方，他要求孩子们不带午餐，路上饿了自己想办法，而且还必须"孝敬"父亲一份食物。有时，他们在山上野炊，由伯尔和哥哥安排饮食。如果伯尔他们只找到一份食物，就给父亲吃了，父亲从来不和他们客气，他会吃得一点不剩。尽管如此，两个男孩仍然很快乐。

伯尔的父亲是一个精力充沛的男人，他兴趣广泛，这一点也传染给了孩子们。后来伯尔的哥哥成了一名探险队员，主要是探索自然界。而伯尔则来到了父亲曾经提到过的中国，研究中国的历史和文化。可以说，他们的选择都和父亲的教育密切相关。

读完伯尔的故事，父亲们可以反思一下自己与孩子的交流，现在停留在哪一层面：是天文地理无所不包，还是局限在批评和接受批评上？

当然，由于工作的原因，能够和孩子长期相处的父亲非常少，如果不能保证家庭的经济稳定，我们都认为这是父亲的失职。因此，父亲也常常以公务繁忙为由，推脱教育孩子的责任。这种逃避究竟是精力不济，还是缺少教育孩子的责任心？

身为父亲，在孩子面前做好榜样是分内之事，这其中就包括引导孩子热爱生活，对人生充满好奇和活力。充满活力并不是要求父亲天天与孩子们汗撒球场，而是要葆有一颗热爱生活、积极进取的心。就像伯尔的父亲这样，有广泛的爱好，有一颗年轻的心。这不仅能改变自己的生活，也能为孩子寻找兴趣点，建立父子之间的友谊。

但很不幸的是，我们常看到的都是"待在书房"的父亲，或者看书做学问让孩子觉得很神秘，或者埋头计算设计，忙得不可开交。或许是因为不知道怎样与孩子们交流，父亲总是尽量避免与孩子单独相处，父亲的这种羞怯有时显得可爱，但是长期不愿意主动与孩子接触交流的父亲，会耽误孩子的发展。如果孩子感受不到父亲身上的活力，他就不会主动邀请父亲参与到他的活动中，因为他会害怕被拒绝，这对亲子间的感情交流很不利，也让孩子在今后的生活中往往不懂得如何与人交往，如何表达自己的意愿，缺乏自信，在生活中处于不利的位置。

怎样让忙于上班的父亲们做到充满活力呢？

首先，父亲要有一颗好奇心，好奇心让人充满活力，也让生活变得丰富多彩。父亲不一定是百科全书式的，但是当遇到什么问题时，如果父亲不知道，大可以拿出来和孩子们讨论，让孩子感受到自己是被需要的。可是平凡的生活已经让很多人失去了心灵的敏感性，对很多事情司空见惯，习以为常。好在这种观念是可以改变的，只要用心发现，就可以找到很多孩子们感兴趣的事情来研究。

其次，有活力的父亲是随时接受新知、虚心学习的人。有的人认为，父亲回答"不知道"是有失颜面的事情，因此常常编造一些理由来回答孩子的问题，这样只会让孩子在某一天对父亲失望。本来世界上就不存在全知的人，父亲也没有必要变成万能博士。

最后，很重要一点就是要热爱运动。适当的运动不仅有助于孩子的骨骼发育，也非常有益于孩子的心灵发育。运动让人体验紧张激烈、痛苦和超越，是人生情感的演习所。运动不一定是打球，与孩子去野炊也是很好的选择，就像伯尔的父亲，带着孩子们去野外生存，培养孩子们的探险精神，将来才会成为一个不畏惧苦难的人。

细节10　好爸爸不该对男孩这样

在我小时候，我最怕爸爸喝酒，因为只要一喝酒，回到家之后他肯定会"教育"我。不是嫌我做的家务不够多，就是嫌我学习成绩不够好……总之，我觉得我的童年几乎都是在战战兢兢中度过的。因此，我变得不爱说话，不喜欢与人接触……我知道，同学们在背地里都叫我"胆小鬼"。

后来，我上了初中，认识了一群哥们，他们从来不嘲笑我，而且还总是帮我对付那些嘲笑我的同学……从这以后，我变得"胆大"了，敢与老师顶嘴，敢不把老师放在眼里……但尽管如此，我还是总觉得自己处于危险之中，总是渴望别人的保护。

看，这就是爸爸的行为给男孩造成的影响。对于男孩来讲，如果家庭规则的制定者是这样一个不讲道理的人，他们会产生极大的不安全感，因为他们不知道爸爸何时会拿出"规则"把他们"教育"一番……就像上面那位男孩所讲的那样，只要爸爸在家，他就会感觉到自己生活在战战兢兢之中。

俗话说："有理走遍天下，无理寸步难行"，对男孩的教育更要以理服人，既不屈从于男孩子的撒娇、要挟，也不滥用自己的职权，搞成"一言堂"。

比如看电视、玩电脑，男孩总是难以控制自己，而且像被磁石吸引一样忘了时间长短，作为爸爸既不是不闻不问，也不是一声呵斥，而要晓之以理、动之以情，告诉男孩怎样看电视、玩电脑才是有益的，看电视要看些什么、看多长时间，以及玩电脑要玩什么、怎么玩等，还可以举一些反面例子告诉男孩不正确使用的危害，让男孩通过电视了解世界、学到知识，通过电脑学会信息收集和处理、辅助学习，做到适可而止。

建议一：好爸爸从来不会独裁

"独裁爸爸"并不是一个新鲜词汇，虽然我们看到了像漫画家朱德庸、作家周德东那样的"民主爸爸"，但他们毕竟是少数，绝大多数父亲还是在想着怎样把控好自己的家庭，怎样维护自己的尊严和权威，似乎一个男人在家里不能发号施令便是一种耻辱一样。在这种独裁作风下，是否真的建立了父亲的权威呢？一个在"独裁爸爸"膝下长大的优秀男孩的回答是：不能。

> 小时候，我成绩优异，一直担任班干部；初中时我征文屡屡得奖，然后我考上了最好的高中，接着考上了不错的大学，年年拿奖学金，做了团支书，入了党……我妈说我让爸爸很有面子，但爸爸似乎从来不真正关心我。
>
> 我从小被要求要出类拔萃、做这做那，一直到现在。我不想让父母失望，也从没让他们失望过。但我感觉自己就像一棵果树，被浇了养料，然后被期望着结出累累硕果，果实被摘下后换成了金钱。他投资，我产出。过程中是他不断要求，而不是一个爸爸对儿子的爱。

我现在交的女友，不是那种有钱有势人家的女儿，也没有特别好的容貌，但我们真心喜欢对方。可我爸爸却说，如果我们在一起就断绝父子关系……

　　从我记事以来，爸爸从来没有去学校接过我，记得有一天下很大的雨，很多人都是父母接回来的，我给爸爸打个电话，本来是想说我等雨小点了再回来的，但我还没有开口，他就说自己是不会来接我的。那一次我自己淋雨回到了家里，哭了很久。

读完这个男孩的故事，也许你会觉得这并不能说明爸爸不爱他，只是不懂得表达爱，但我们都能感受到男孩子内心的凄凉和怨恨。可能很多父亲一直在要求孩子要做这做那，一心想着为孩子好，但从来没有想过孩子的感受。

　　"他投资，我产出"，父亲和儿子之间竟然就是这么简单的投资关系，父亲的权威、尊严、魅力等，也就无从说起了。

　　其实大多数"高压独裁"的家庭里，培养出来的孩子都有心理障碍。让孩子走父亲决定的路，还需要看一看孩子是否能承受这份压力。如果父亲给孩子的压力过大，可能会引发孩子的心理问题。

建议二：好爸爸从来不让男孩看到"虚伪"的一面

　　生活中常常会遇到这样的情景：周末在家赋闲，突然传来电话声。爸爸交代儿子："你去听电话，要是叔叔找爸爸，就说我不在。"于是儿子对着电话说："爸爸说他不在家。"弄得大人哭笑不得。

　　相信很多爸爸都有类似的经历，孩子童言无忌，让你不得不出面"遮丑"。这些小事情过去了就忘了，有时候拿出来当成笑话大家说一说，但这样的事情对孩子的影响其实是非常不好的。爸爸们可能没有注意到这样的行为背后会带给孩子有怎样的暗示：爸爸明明在家，为什么要让我说他不在家？我说了他不在家，为什么他又出来接电话解释自己刚才没有听到？这些疑惑会让孩子的是非观混乱，而且，也给孩子留下了爸爸说谎的印象。很多孩子现在宁愿和网友交流也不愿意和爸爸多说一句，其实就有可能因为之前被爸爸欺骗过，就像下面的这个小孩一样：

> 我的父母离异很久了，我从来没有怪过他们。爸爸很少来看我，偶尔来一次我都会觉得很幸福。我跟爸爸会说心里话，有一些秘密也会跟他说。因为觉得即使这个世界上没有朋友，没有可以信任的任何人，但父母都是唯一的，绝对不会背叛自己的人。
>
> 但是今天知道，他把我的很多事情都说给别人听了，然后那人打电话来问我妈妈。我不懂他为什么要跟一个外人说，而且那个外人还是会到处宣扬的那种人。我跟他说的时候，他还答应我不会告诉别人，是父子的秘密。
>
> 每个人都有无法诉说的秘密吧，这样的事也许别人无法体会，但对自己而言是重要的。选择跟自己亲人诉说，是为了给自己一分安心的信任感。结果，却是这样。如果有一天，有更多人拿我重要的秘密来嘲笑我，我该怎么办。为什么这个世界没有可以信任的人。我只是，想要纯粹地相信着自己血脉相连的亲人，这样错了吗？如果亲情都不能相信，还有什么可以信任？

父亲的失信让孩子非常痛苦，甚至不愿意再去相信任何人，生活都蒙上了一层灰色。于是，孩子们都认为与其给爸爸讲心里话，不如讲给网友听，因为网友是最安全的。这也可以解释，为什么孩子天天泡在网吧不回家，因为家里没有网吧温暖和值得信赖。

至亲的父亲甚至比不上陌生的网友，孩子宁愿在外面玩游戏，也不愿意回家和父亲待在一起，这已经不是新闻了，很多人责怪学校和社会的风气不好，有几位父亲意识到自己也有责任呢？言而有信并不是我们要求别人的一个标准，也应该用来衡量我们自己。

战国时，秦孝公起用商鞅变法图强。为了让人们相信他变法是真的，商鞅想了一个办法：他在都城南门竖起一根三丈高的木头，要是谁能把它扛到北门去，就赏金十两。但是没有人相信这是真的，自然也就没有人去扛。商鞅把赏金一直追加到五十两，终于有一天，一个壮汉把木头扛到了北门，商鞅当场赏了他五十两黄金。老百姓纷纷议论：商鞅言而有信，他的命令一定要执行。于是，商鞅变法成功，奠定了秦国富强的基础。

很多时候，我们随口做出不能兑现的承诺，暴露孩子的秘密，或者拿孩子的成绩去炫耀，从根本上说是因为我们无法克服人性的一种弱点——虚伪。因为虚伪我们习惯说一些场面话，而忽略了孩子可能把这些话当真；因为虚荣，我们习惯在朋友和同事面前强调自己对孩子的教育、和孩子的关系等等；因为虚荣，我们希望孩子十全十美，弥补我们此生的不足；因为虚荣，我们不愿意向年轻人和小孩道歉……虚荣有时候会让一个理性的人失去判断，让父亲忘记从孩子的角度去思考问题。

商鞅徙木而治民，教育也需要克服虚浮之心，诚诚恳恳地用言行来影响。家庭是孩子最初的世界，值得信赖的家人使孩子愿意听取爸爸的建议，也相信他人，热爱生活。爸爸就是让孩子明白赢得信任和珍惜信任的第一任老师。

信任是相互的，只有父亲充分相信男孩，男孩才会相信父亲，真正相互平等有效地沟通也才会开始。如果父亲对孩子不信任，总是不让孩子按照自己的意愿来生活，不仅不利于孩子的健康成长，更会加剧两代人之间的不理解，消解爱的力量。

为了避免失信于男孩，父亲在生活中一定要言行一致，尤其是与男孩有关的事情，不要轻易允诺，也不要敷衍表态；另外，父亲尽量不在孩子面前说谎，就像这种"就说我不在"的谎话，当着孩子的面欺骗朋友，孩子也会怀疑父母是否会同样欺骗自己。

细节 11 好爸爸不一定"冷冰冰"

西方有一套表情识别系统，可以根据人的动作、表情来判断这个人撒了谎没有。这个系统用到东方可能未必有效，因为我们东方人比较含蓄，并且认为喜怒形于色是不礼貌、不明智的做法。哪怕父亲对孩子，也是一种非常克制和隐藏的爱。

在我们的观念中，一提到父亲，首先想到的是威严。"严父慈母"是传统家庭中的"黄金搭档"，多少代人都是在这样的教育下长大的，并且也延续着这种教育方式，一唱一和地教育孩子。很少有人思考过，这种教育方式真的对吗？

其实，如果父亲总是隐藏自己的感情，回避表达爱，渐渐就会失去表达爱的能力了，甚至变得对孩子苛刻起来。

孩子考试回来，双手奉上成绩单："爸爸，这次我可要申请一点奖学金啊。"爸爸接过成绩单一看，全班第一，全年级第四，于是很不高兴地说："我以为是全年级第一呢，原来才是全班第一，离我的标准还差远了。不能太容易满足啊，你们班在全年级一直就不算很拔尖，你不能老是和班上的同学比。"原本是一件欢欢喜喜的邀功之事，却变成了孩子的"思想课"，孩子的好心情一点儿也没有了，怏怏地回到了自己的房间中。

这样的父亲看起来是在借机会教育孩子，其实是在浪费教育的机会。孩子渴望得到父亲的肯定，这种肯定是母亲、爷爷奶奶不能代替的，但父亲却板着脸，完全看不出为孩子骄傲的痕迹来，久而久之，孩子就觉得爸爸并不爱他，或者并不关心他的感受。

有的爸爸明明就有天生的幽默才华，别人都会因为和他相处而快乐，却要在孩子面前"道貌岸然"、正襟危坐，孩子和他相处时感到压抑、痛苦、难受。抗拒父亲的权威，成了青春期孩子的明显症状。

刻意扮演一个冷酷严厉的形象，不仅让父母与子女之间缺少了很多快乐，也让我们的孩子失去了独特的成长空间。父母之间心照不宣的配合，在孩子的眼中却是他们相互不配合，父亲和母亲的立场不一致，让他们总以为妈妈更爱自己一些，爸爸是一个没有情感的人。

有位母亲讲了儿子和爸爸之间的一段小故事：

> 儿子过生日的时候，跟我忙活着做菜，看上去就像一个快乐的小王子，一整天都很兴奋。爸爸工作忙，但是承诺过晚上一起吃生日蛋糕的。可是，我们等到快要九点的时候，他才从公司回来。
>
> "爸爸，你看我亲手做的菜！"
>
> "嗯。"爸爸从鼻子里哼了一声，坐在桌上不多久就开始专心于手机了。
>
> "吃蛋糕咯！"当我把蛋糕拿上桌子的时候，他一点祝福儿子的表示也没有，就坐着等吃了。这顿饭吃得比较冷场，我和儿子说了几句，看到爸爸没搭话也就算了。也许是儿子已经习惯了吧，他也没有任何抱怨，吃完和往常一样，看了会儿电视就睡了。其实，今天是他 12 岁的生日，多希望爸爸能够和他谈一谈。

这样的情形在我们的生活中并不少见。爸爸在家中，仿佛一只游动的"大鳄鱼"，没有表情，一路冷酷到底。这样的后果，就是父亲不能再有自己的很私人化的感情。有多少父亲狠下心来，觉得自己应该多多地克制自己的"孩子气"，成为一个更加成熟理性的人，但其实父爱的威严和温情并不矛盾。

画家吴冠中在自己的文章《父爱之舟》中说：

冬天太冷，同学们手上脚上长了冻疮，有的家里较富裕的女生便带着脚炉来上课。大部分同学没有脚炉，一下课便踢毽子取暖。毽子越做越讲究，黑鸡毛、白鸡毛、红鸡毛、芦花鸡毛等各种颜色的毽子满院子飞。后来父亲居然在和桥镇上给我买回来一个皮球，我快活极了，同学们也非常羡慕。夜晚睡觉，我将皮球放在自己的枕头边……我从来不缺课，不逃学。读初小的时候，遇上大雨大雪天，路滑难走，父亲便背着我上学，我背着书包伏在他背上，双手撑起一把结结实实的大黄油布雨伞。他扎紧裤脚，穿一双深筒钉鞋，将棉袍的下半截撩起扎在腰里，腰里那条极长的粉绿色丝绸汗巾可以围腰两三圈，这还是母亲出嫁时的陪嫁呢。

投考无锡师范……为了节省路费，父亲又向姑爹借了他家的小小渔船，同姑爹两人摇船送我到无锡。时值暑天，为避免炎热，夜晚便开船，父亲和姑爹轮换摇橹，让我在小舱里睡觉……送我去入学的时候，依旧是那只小船，依旧是姑爹和父亲轮换摇船，不过父亲不摇橹的时候，便抓紧时间为我缝补棉被，因我那长期卧床的母亲未能给我备齐行装。我从舱里往外看，父亲那弯腰低头缝补的背影挡住了我的视线。后来我读到朱自清先生的《背影》时，这个船舱里的背影便也就分外明显，永难磨灭了。不仅是背影时时在我眼前显现，鲁迅笔底的乌篷船对我也永远是那么亲切，虽然姑爹小船上盖的只是破旧的篷，远比不上绍兴的乌篷船精致，但姑爹的小小渔船仍然是那么亲切，那么难忘……我什么时候能够用自己手中的笔，把那只载着父爱的小船画出来就好了。

正是父亲这种默默支持的爱，让吴冠中拿起画笔，走上了一条艺术之路。父爱如此深沉，但又如此温暖，让我们在朴实的讲述中感受到久违的感动，这才是父亲能给孩子的温暖一生的爱。

建议一：好爸爸不会"冷暴力"

爱孩子是父母的本能，但爱不能只藏在心里，或者只存在于父母亲的主观认知中。相反，对孩子来说爱是实际的，既要能感觉得到，还要能摸得到。

所以，父母对孩子的每一次拥抱、每一次抚摸、每一次亲吻，都能拉近彼此间的距离。对孩子来说，父母的爱就如同孕育地球上所有生命的太阳和水那样重要，所以，让孩子时时感受到父母的爱非常重要。

在这个世界上，作为父母，能够给予孩子最有价值的礼物就是"爱"——慷慨和无条件的爱。我们应尽可能多地让孩子感受到我们爱他。无论孩子犯了怎样严重的错误，父母都要对孩子有一颗宽容的心。

当孩子犯错误的时候，家长很可能会用很冷漠的眼光来暗示孩子，或者对孩子不理不睬，这样的一种"冷暴力"很容易使亲子间的感情联系割断，并极有可能使我们失去教育孩子的大好机会，导致孩子对于父母的爱麻木。

有很多父母特别宠爱孩子，他们一辈子甘愿为儿女付出，从孩子上幼儿园、上小学、上中学、上大学，到找工作、结婚、生孩子，父母无时不在操心，"为孩子把心都操碎了"，是许多家长都有的感受。然而许多孩子却体会不到这些，他们喜爱和崇拜的人是歌星、影星或政界商界的巨头，唯独没有父母。在一些调查中，孩子们对于为他们"操碎了心"的父母，不但不领情，还有颇多抱怨，惹得很多家长感叹"好心没好报"。我们总是以为当我们为孩子付出了很多之后就可以换来什么，但是孩子最需要的恰恰是父母的一句关爱和一份微笑。即便他们的表现再不好，他们也极不愿意看到父母那种很失望的表情，更不愿意从中读到父母"恨铁不成钢"的信息。冷冰冰的态度是最让孩子感到害怕的。

这些现象似乎在提醒家长，在家庭教育中存在着一些误区。比如在爱孩子的问题上，许多家长多是出于本能的爱，却不重视爱的表达方式，不会爱，因而使孩子体会不到父母的爱。

一位很伤心的妈妈向教育专家哭诉：得知孩子两门功课只得了188分时，这位妈妈难过得直流泪。一边的女儿看着妈妈流泪却感到十分困惑，她不能理解妈妈为什么如此痛苦。此时，这位妈妈就是忽略了孩子的感受。妈妈的价值标准是要得双百，孩子没有满足她的需求，她就感到伤心。如果换个位置看看孩子，孩子努力了，她虽然得了188分，她感到高兴。而妈妈却只关注自己的感受，而忽略了孩子的感受。家长的行为与孩子的体验相反，孩子幼小的心灵就会产生疑问：这就是妈妈对我的爱吗？一而再再而三，孩子就会形成一种理念，认为这就是爱。现在社会上很多人反映大学生冷漠，不懂得爱，很大程度上是因为他们缺乏爱的体验。只有学会施爱，让孩子体会到爱，并学会去爱别人的父母，才能成为一个合格的父母。

总有一些父母，宁可自己省吃俭用，也要让孩子在物质上应有尽有，但在精神上却经常忽略孩子的需求，对孩子的情感和人格缺乏应有的尊重，这样也很难让孩子体会到父母无私的爱。我们的父母应该尽可能多地和孩子在一起。每个孩子都需要从父母那里得到足够的重视。在每天工作之余，父母要腾出一些时间参加孩子的游戏，和孩子一起读书，为孩子提供接触到各种东西的机会。学会倾听孩子的心声。有经验的父母指出，通过听孩子说话来了解他们的感受，是非常有价值的一种方式。与孩子谈话，也为父母提供了一次了解和教导孩子的机会。

建议二：好爸爸从来都不是咄咄逼人的"强势爸爸"

　　到了当家长的阶段，最头疼的莫过于对男孩的教育不知道该怎么办。有些教育专家会在研究的过程中发现这样的问题：一些从事教师、军人、法官、警察等职业的父母，他们的男孩更容易在交流上发生障碍，这是为什么呢？

　　这一类的家长被称为"强势家长"，他们的社会地位相对较高，对社会的责任感也比较强烈，在工作中更是一丝不苟，所以在教育男孩的过程中也流露出了明显的职业色彩，明显的表现为"眼睛里容不下一粒沙子"，一旦发现了男孩的小失误和小问题，就比较容易把问题严重化、扩大化。

　　还有一类家长是属于"吹毛求疵"的类型，他们习惯于严厉地要求男孩，不容男孩犯一点错误。这样的家长所教育出来的男孩有两种典型的表现：一种就是绝对服从型，男孩会表现的胆小怕事，丧失了独立生活的能力，没有一丝主见，甚至连穿什么衣服，买什么样的早点吃都没有主意。另一种就是直面对抗型的，这样的男孩会表现出强烈的逆反行为，会产生明显的对立行为，甚至会离家出走，或是流连于网吧。有一位警察的儿子曾经很坦诚地跟老师讲："我爸对我严厉的时候，总是用那种盯着犯罪分子的眼神，我能不痛苦吗？"

由于家长在教育男孩的时候带出了明显的强势，那种很强烈的表达方式往往流露出了对男孩的不尊敬，与男孩的敏感心理产生了冲突。作为家长，长期以来习惯把职业心态带回家，以不平等的姿态与孩子交谈，更没有体会到男孩的内心感受，而是让孩子毫无反抗地服从命令指挥。这种做法会为家庭的教育布下重重障碍。

作为父亲，强势的方式、强势的力度、强势的状态都会给男孩造成很大的影响。父亲和男孩之间犹如一对齿轮，一方强则一方弱，通常会造成以下三种结果：

第一种是男孩比父亲更强的"超越式"。这一种情况出现的原因是男孩希望像父母一样出色，于是就很争强好胜，有时会比父亲更加优秀，即"老子英雄儿好汉"。在国外著名的例子有老布什和小布什，在国内著名的例子有姚明，他的父母都是很优秀的篮球运动员，姚明之所以能成为世界级明星，一方面也来自于对于超越父母的挑战心理。

第二种就是过于倚靠父亲保护的"依赖式"。家长太强了，或者是过于保护以至制约了男孩的个性发展，这样的家长带出来的孩子要么性格比较懦弱，要么依赖性很强，属于对父亲的绝对服从型。很多强势的父亲，他们的男孩都很弱势，表现出腼腆、胆小、不自信等。古语所说的"富不及三代""寒门出孝子，白屋出公卿"都有这样的因素在里面。

第三种就是男孩通过自己而走出成就的"奋发式"。家长不是很强势，甚至是弱势，但是他们的男孩却很有责任感。比如媒体报道的道德人物：背着母亲上学的当代孝子张尚昀、带着妹妹上大学的洪战辉、航天英雄费俊龙、奥运冠军刘翔等人，都是典型的例子。他们都是出生在普通的人家，从小没有受过娇生惯养，却活出了自己的精彩。

作为家长，在教育男孩的过程中最好不要过于强势，这样才会给男孩留有足够的发展空间。家长应该以一种宽容的心态来审视男孩在成长过程中暴露出来的各种问题，自己主动放下架子，和男孩交朋友，这样家庭的民主氛围就会增强，男孩也不会抵触和父母进行交流，许多问题都可以迎刃而解。

一位各方面很不错的高一男孩，在他 16 岁的时候认真地与同班一位女孩相恋了，男孩的父亲与他进行了一次属于两个男人间的谈话。

父：儿子，你是不是觉得她是最好的女孩？

子：我觉得我认识的女孩里她最可爱。

父：爸爸相信你的眼光。但是，你才上高一，你认识的女孩有多少？

子：我心里只有她。

父：你说你要上大学，将来还要出国深造，想成为一名律师或金融家。你知道你将来会遇上多少好女孩吗？爸爸并不反对你现在谈女朋友，但是，爸爸最反感的是见异思迁。这个女孩是你到目前为止认识的最好的女孩，可是，你将来会有更多的机会，到那时你该怎么办？你会不会后悔？

子：可是，现在让我离开她，我很痛苦。

父：你初三时买的"随身听"呢？

子：前两天，您给我买了个高级的，我觉得音质比原来那个好，就把它送人了。

父：这就叫一山更比一山高。如果你能把握好每一个属于你的机会，你以后的成就只能比今天大，你面对的世界只会比今天更广阔，到时候你的选择只会比今天更好，更适合你。如果你现在与这个女孩真有那份情缘，到时候再让它开花结果多好。儿子，一个人一生不可能不做些让自己后悔的事，但是，人生大事只有几件，后悔了，就会遗憾终生。

子：爸爸，我懂了……

从此以后，男孩把对女孩的特殊感情深埋心底，生命的乐章却弹奏得更欢快了。他明白，即使爱的种子发芽了，也还没有长成参天大树，更不可能结出甜美的果实。而在这之前，自己只能做一个默默耕耘的农夫，等待庄稼的成熟。

例子中的父亲面对男孩的早恋，不是用命令的口气让男孩放弃，而是选择理解男孩的需求，帮助他们树立正确的爱情观和认识爱的真谛，并以平等的态度与他们交流自己对人生、爱情、学业的感情。

你想让男孩做什么，不想让男孩做什么，可以把自己和男孩放在平等的地位上，像朋友一样，一起商量，分析利弊，最后让男孩自己拿主意，这样男孩不仅不会反抗，也感觉不到被命令的屈从，反而会在商量的气氛中感觉自己在长大，有了自己的主见。这时大部分男孩会愉快地采纳父亲的建议。

在教育男孩的过程中不能一味使用命令的语气而忽视与男孩的沟通，很多人会问，如何跟男孩进行成功的沟通呢？教育专家给我们的建议如下：

第一，成功的家庭沟通，应该注意以下因素：理解、关怀、接纳、依赖和尊重。理解要求父母与男孩双方能够设身处地地为他人着想；关怀不但存在于内心，更要切实付诸行动；接纳要求考虑到每个人的个性，懂得欣赏他们身上的优点；依赖是要做到既信任别人也信任自己；而尊重是指尊重他人特别是男孩的权利，尊重他们的意见和选择。

第二，要建立一种积极健康的家庭沟通交流关系，应该改变父母是决策人、男孩是接受者这样僵化的家庭角色的分配。父亲在家庭教育中应该懂得进行角色交换，每一个家庭成员都可以对他表述的愿望予以积极的辩解。当男孩能够参与讨论家里的通常是成年人的问题时，他们方能更好地理解父母，而父亲一方面可以调动男孩的主动性，使自己清楚地认识男孩的才干，另一方面可以得到有关自己教育的反馈信息。

综上所述，父亲与男孩通过沟通，最后让男孩明白的是"理解、信任、承诺、准时"等观念的重要。通过沟通，最容易让男孩站在他人的立场上思考，也最容易让男孩养成理解他人的习惯。只有这样，男孩才有可能成为一个全面发展的优秀人才。

细节 12　怎样增进父子感情

在教育子女的过程中，父亲不仅仅是一个"经济赞助商"，父亲对孩子性格的影响和生活习惯的养成都有很重要的作用。然而，父亲在家庭教育中的淡出对男孩和女孩的影响强度大小是不同的。一般来说，父亲角色缺失的情况下，男孩的损失要大于女孩。

许多研究证实，父亲对男孩子智力发展的影响要比女孩大。由于孩子的天性中，大多具有喜欢模仿的特点，儿童早期男性观念与行为的获得，很关键的就是观察、模仿父亲的语言与行为，并接受家庭特别是父亲对其男性化角色的规范影响。

如果在男孩子的成长过程中，父亲角色总是缺席，男孩在一个相对柔弱孤寂的女性世界中浸润得太久，身上与生俱来的雄风会随着模仿天性的驱使，一点一点地被侵蚀，不知不觉之间便会朝着女性化的倾向发展。

另外，研究表明，男孩和母亲生活在一起的时间越长其性别角色越容易混乱。有位心理学家调查了某市部分小学五、六年级的学生，发现有 13.9％的学生希望自己是异性。其中大部分是男孩，他们很多人在三岁时开始有自己是异性的想法，到了青少年期开始显现并表现得尤为突出，对自己生理上的性别不满意，讨厌自己的身体，强烈要求改变性别，在日常生活中还会穿着异性装束，言谈举止如同异性一样。而绝大部分这样的孩子，都很少与父亲接触。由此可见，父亲在男孩成长中不可忽视的重要性。

然而，在竞争日趋激烈的现代社会环境中，许多父亲将越来越多的精力都用在工作上，力争在社会上出人头地，而对家庭里的事，特别是有关孩子的教育方面的事投入精力和时间太少，孩子成长在母亲、奶奶、姥姥的怀抱中，幼儿园、小学也都以女性老师为多，这种从女性怀抱中走出来的孩子，大都不自觉地以女性形象规范自己，性格做派也在潜移默化中向女性靠拢……男孩的成长环境颇似温柔陷阱，软化了孩子成长应有的个性和棱角。在这种背景下，近几年，"阴盛阳衰""男孩女性化"的现象日益严重。

人们对男性角色的期望，决定了一个男子汉必须鲜明地区别于女性的特征，并能够充分展现一个男人的阳刚和雄性特性。一个哲人曾说，没有皱纹的祖母是可怕的。而我们要说，一个失去男性雄风的时代将更黑暗和可怕。

美国教育家杜布森博士认为，父亲应该承担起塑造下一代男人的主要任务。不能把孩子完全交给母亲、幼儿园女教师，要多拿出时间陪陪孩子。父亲为此有可能会牺牲部分事业与社交，但却能得到更伟大的成就——造就一个出色的孩子。

事实上，在人生的不同阶段，男孩总是希望自己的身边有一位优秀的男性作为榜样供他效仿，而父亲恰恰是其最好的人选。

建议一：不强迫男孩做自己不喜欢的事

让家庭生活保持快乐的氛围是很多父母的愿望，每个人都希望在快乐中表达爱，但是现实烦琐细小的种种事务，为怒气和误解创造了很多机会，几乎每个家庭都有争吵和不安的经历。于是，父母对男孩的爱，常常夹杂着一些因为纷争和挫败而产生的无奈，还有害怕失去孩子的恐惧。

父母纯粹的爱是什么？其实非常简单，如果你真的想要孩子成长和学习，就给他们空间，让他们朝着健康、能干和情绪稳定的成年人发展，这才是爱的真正意味。但是父母现在的情况是，以管教和约束方式来养育子女，这与爱的本意背道而驰。

壮壮今年高考，成绩还不错，可以挑一所重点大学，本来是皆大欢喜的事情，但是他整个暑假都过得不开心。原来，一家人在填报专业上发生了很大的分歧：壮壮想学自己感兴趣的教育学，但是父母总觉得新闻专业更适合他，他们希望他成为一名记者，于是就坚决主张报新闻专业。

"这是你的人生大事，爸爸妈妈有经验，你就听我们的，我们绝对不会害你。"妈妈开导壮壮。

"正是因为这是我的人生大事，我才一定要坚持学自己喜欢的专业。你们总是说我没有经验，但是你们给我锻炼的机会了吗？从小到大，哪一次不是你们决定的，这一次我绝对不让步！"

最终壮壮还是没能拗过家长，双方各做让步之后，壮壮报了一所离家最远的大学的新闻专业。

壮壮的反问值得家长深思，很多时候，家长都是因为"为了孩子好"这个想法，剥夺了他们应有的成长空间，让他们在父母设计的世界里成长。给孩子一个成长的自由空间，是现代教育家们共同呼吁的一个理念，其中就有著名教育家蒙台梭利，她将"自由教育"列入自己的基本理念，称她的教育方法是"以自由为基础的教育法"。

在蒙台梭利学校的活动室内，允许儿童自由地活动、交谈、交换位置，甚至也可以按自己的意愿移动桌椅。这种自由不仅是学习的需要，也是生活的需要。在教室里的儿童有目的地、自愿地活动，每个人忙于做自己的工作，安静地走来走去，有秩序地取放物品，并不会造成混乱，因为他们懂得安静和有秩序是必要的，并且知道有些活动是被禁止的。

在蒙台梭利看来，自由是儿童可以不受任何人约束，不接受任何自上而下的命令或强制与压抑，可以随心所欲地做自己喜爱的活动。生命力的自发性受到压抑的孩子绝不会展现他们的原来本性，就像被大头针钉住了翅膀的蝴蝶标本，已失去生命的本质。这样，教师就无法观察到孩子的实际情形。因此，我们必须以科学的方法来研究孩子，先要给孩子自由，促进他们自发性地表现自己，然后加以观察、研究。这里所谓的给孩子自由，不同于放纵或无限制的自由。

让孩子学会辨别是非，知道什么是不应当的行为。如任性、无理、暴力、不守秩序及妨碍团体的活动不仅会妨碍到他人，也会让自己因此受到损失，耐心地引导他们，让他们自己远离这些不好的行为，这是维持纪律的基本原则。由此也可以预见，放纵孩子只会让他丧失更多的发展机会和空间，并不是真正的自由。

纪律与自由并不矛盾。一个人如像哑巴那样安静，像瘫痪的人那样一动不动，不能算是有纪律的，这种人是在被"消灭"。积极的纪律包括一种高尚的教育原则，它和由强制而产生的不动是完全不同的。

一般学校给每个儿童都指定一个位置，把他们限制在自己的板凳上，不能活动，对他们进行专门的纪律教育，要求儿童排队，保持安静等等。这样的纪律教育是建立在忽视孩子的天性的基础上的。儿童的活动应当是自愿的，是一种自然的潜在趋势，不能强加给他们。重要的是使儿童在活动中理解纪律，由理解而接受和遵守集体的规则，区别对和错。因此，真正的自由也包括思考和理解能力。一个有纪律的人应当是主动的，在需要遵守规则时能自己控制自己，而不是靠屈服于别人。

正如蒙台梭利所主张的，让孩子拥有自由，首先是让他们领悟到纪律和秩序的重要性。怎样让孩子区别好坏，唯有说教显然是不可能的。在一些小事情上就让他们自己去做决定，并让他们承担因为自己的决定而带来的各种结果，久而久之，即使孩子在面对大学专业这样的问题时，你也可以放心地说："这是你自己的事，你自己决定就好了。"

建议二：悦纳男孩的缺点

有些父母总是觉得孩子长相没有继承自己的优点，成绩不是全年级第一，在家不懂事……诸如此类的挑剔会毁了孩子的幸福。

其实，哪怕全天下的人都看不起你的孩子，觉得你的孩子不完美，做爸爸的也要热爱自己的孩子、包容自己的孩子。只要爸爸这样做，天下没有不能成才的孩子。

自我接纳是孩子心理健康成长的前提，它是人对自身以及自身的一些特征所持的一种积极的态度，即能欣然接受现实中的自己，无论自己是完美无瑕还是有一定缺陷，都去接纳自己，喜欢自己。小孩子最初的评价源自于父母、老师以及其他长辈。如果这些人对他的评价是肯定的，如："真漂亮！""是个好孩子！""好聪明！"那么孩子的自我接纳就是正面的，他会肯定自己，不断自我完善，并最终具备自信；相反的，一些人常常在无意中指责孩子，说："你很笨！""不可爱！"对孩子人格进行贬低，孩子就会接受这些负面信息，认为自己真的不如别人，他对自己的认识逐渐会发生一些偏差。

孩子容易产生的"期望效应"，人人都会有。所谓期望效应是指积极正确的期望暗示，它会给个人的工作、学习带来更大的进步和更好的效果。换句话说，别人传递的期望信息，它会使你的状态随之发生变化，积极的期望会使你向好的方向发展，反之，消极的期望会使你向不好的方向发展。用形象的话来形容，期望效应便是："说你行，你就行；说你不行，你就不行。"要想使一个人向更好的方向发展，就应该不断向他传递积极的期望。

期望成真的奇迹是如何发生的？心理学家经过研究认为，这是通过对对方的暗示作用实现的。暗示的结果会使一个人发生改变，甚至是很巨大的改变。

心理学家在对少年犯罪的研究中发现，许多孩子成为少年犯的原因之一，很大程度上是因为不良期望的影响。这些少年因为在小时候偶尔犯过错误而被贴上了"不良少年"的标签，这种消极的期望心理一直在影响和引导着孩子们，他们也越来越相信自己就是"不良少年"，最终走向了犯罪的深渊。

在教育中，爸爸的积极期望对有效教育有重要的影响。那么，在教育中爸爸如何利用期望效应呢？

第一，相信孩子会学得更好。"相信孩子会学得更好"的信念，应是爸爸必须具备的教育观。例如：孩子第一次考试得 50 分，第二次考试得 55 分，爸爸要看到他有"5 分的进步"，挖掘他的潜能，而不是看到他的"不及格"。不要说"你为什么又没有及格，你真是个笨蛋"，这样会伤了孩子的自尊与自信。可以说"这次有了进步，一定要继续加油"之类激励的话。积极的外部信息能使孩子看到自己的进步，肯定自己，激发出蕴藏于自身的巨大学习力量。

第二，确定合理的期望值。期望效应的实质是激发孩子内在的学习动机。如果孩子认为通过努力能够达到目标，就会产生强大的力量。如果孩子认为高期望的目标高不可攀，自然会望而却步；期待的目标太低，又会缺乏激励性，难以发挥潜力，合理的期望对孩子来说很重要。

心理学家认为，孩子的发展有两种水平，即现有的发展水平和潜在的发展水平，这两种水平之间的区域称为"最近发展区"。爸爸的期望目标也应建立在每个孩子的"最近发展区"的基础上，即建立的期望目标应该让孩子明确认识到经过自己的努力可以达到的目标，激励他"跳一跳才可以摘到果子"。

　　在教育中，期望效应能最大限度地为孩子搭建充分发展的平台，给孩子更多的欣赏与喝彩，使他得到充分的发展，这正是需要爸爸来做的事情。

细节 13　好爸爸懂得正确引导男孩

在人们的印象中，大象是一种非常温顺的动物，虽然体形庞大，却极少主动攻击其他动物。但是在南非西北部的国家公园里，管理人员却发现了一个反常的现象：年幼的雄象变得越来越富有攻击性，即使在没有受到任何挑衅的情况下，它们也会凶狠地攻击附近的白犀牛，把白犀牛击倒在地，残忍地用脚踩踏致其死亡。

这种行为让公园的管理人员百思不得其解，因为大象的这种行为极其少见，违反大象温顺的秉性。

最终，公园管理人员找到了答案。原来，为了维护公园的生态平衡，政府采取了猎杀成年雄象的措施，这就导致了一个结果：相当多的幼象都沦为"孤儿"。而成年雄象的存在对幼象的成长非常重要，因为成年雄象会管教这些幼象，并为它们与其他动物和平共处树立榜样。在失去这种榜样和管教以后，年幼雄象本能的攻击性就毫无节制地释放出来，并在象群中逐渐蔓延滋长。

这个现象给予我们一个重要启示：早期的正确引导和纪律管束的缺乏往往会导致不良后果的出现，无论对成长中的幼象还是对成长中的男孩来说都是如此。

随着男孩年龄的增长，爸爸所要迎来的挑战会接二连三地袭来，面对出乎意外的男孩，可能会让爸爸们感到措手不及。我们不禁感慨：爸爸们还要掌握多少常识才能教育好男孩？

在解决这个问题之前，爸爸们先要明白的是：家庭生活并不是一成不变的，每一天都会出现新的变化。而作为男孩的爸爸，要怎样做才能够"万变不离其宗"呢？这需要爸爸们耐心学习，不断完善自己的教育方式，以适应男孩成长过程中新情况的出现。

建议一：好爸爸不必知道所有的答案

人与人之间的交往不仅仅是沟通与交流，有的时候则是意志力与意志力的对抗，不是去影响别人，就是被别人影响。在"成功学祖师"拿破仑·希尔看来："在别人的影响下生活着，就等于被别人的意志给俘虏了，这样的人即使再优秀，也不能成为领袖。"

有人说，影响力本质上就是一种控制力。的确，一个有影响的人不仅可以让朋友们都认可他、支持他，甚至让对手都对他心悦诚服。但是更准确地说，影响力是一种让人乐于接受的控制力。它与权力不同，影响力不是强制性的，它以一种潜意识的方式来改变他人的行为、态度和信念。没有人能够抗拒它，因为它来得悄无声息，等你察觉时，早已经被它俘获了。因而我们说，影响力是一种最高境界的领袖力。

想要得到周围人的尊重，形成一个凝聚人心、催人奋进、具有强大吸引力的领导核心，仅仅依靠体制和职务赋予的权力是远远不够的。它还应该建立在由宽广的胸怀、完美的领袖艺术、高尚的人格魅力和巧妙的交际方式等方面构成的个人权威之上。这种胜于无形的能力，需要从小培养，而教育学家告诉我们，孩子的社交影响力多半来自父亲。

前面提到的影响力的种种本质，都是帮助孩子在将来的人生中少走弯路的重要资质，这样的资质主要由父亲来培养。马克思·韦伯曾经说，父亲爱的是最能实现他期望和要求的儿女，这与母爱有很大的不同，无论怎样的婴孩，母亲都会毫无差别地爱他们，母爱更多地强调自己的情感；而父爱而更多地侧重于价值观念，能够继承父亲的志向的孩子，往往会得到最多的宠爱。父爱的这种条件性，决定了在孩子的成长过程中，父亲会更加主动地传授走进社会的最简单最基本的原则。

如果说母亲代表着自然界，那么父亲就是人类存在的另一极，即思想的世界，法律和秩序的世界，阅历和冒险的世界。

李嘉诚是香港家喻户晓的人物，他在经济王国中权高位重，在家里却是一个坚持原则的低调父亲。

李嘉诚有两个儿子，很多人认为这两个将来一定要子承父业，因而必定是呼风唤雨的"太子爷"，但李嘉诚一直要求他们生活节俭、注重名誉。当两个儿子以优异的成绩从斯坦福大学毕业以后，他们想到父亲的公司里面去小试牛刀。不料父亲的回答却是"我们公司不需要你们"。李嘉诚说："就是我有20个儿子也不会给一个安排工作，你们要自己去打江山，要用事实证明你们自己有实力。"

恍然大悟的儿子离开香港去加拿大，一个投资银行，一个开设了地产公司。他们从来没有开口向父亲寻求资助，后来都成为加拿大商界的精英人物。

李嘉诚的选择和我们生活中常见的诸多父亲刚好相反：有的人想破脑袋去为子女打通人脉、安排工作，而李嘉诚却不愿意在自己众多的公司中给两个儿子"一席之地"。他这样做的目的只有一个，那就是让孩子清楚任何事情都需要靠自己，只有生活得独立，才算得上有本事的人，也才能自如地应对今后的生活。

生活节俭、注重名誉是李嘉诚对儿子日常生活的要求，这对寻常人家来说不足为奇，但是对一个商业巨子的家庭来说，就显得与众不同，也更难能可贵，他们并不是没有条件过奢侈的生活，只是更加珍视勤俭的价值观。"用事实证明自己的实力"，是在告诉孩子要独立、坚强，学会自己去解决问题，这是变幻莫测的商界必备的意识。李嘉诚白手起家，创立了自己的商业奇迹，但他并不急于让孩子们分享自己的成功果实，而是让孩子们分享自己的成功经验，这才是人生最宝贵的财富。

李嘉诚在培养孩子的价值观时做到了两点：有意识地培养孩子的价值观，自己也用行动去影响孩子，而后者甚至比理论教育更为重要。

对普通的家庭来说，要做李嘉诚这样的富翁爸爸很难，但是做李嘉诚这样的明智爸爸，却是可以学到的。我们知道，孩子的新知都是从模仿开始的，父亲是孩子认识外面世界的最重要的窗口，父亲怎样对待失败和困难，孩子都会受到潜移默化的影响。如果父亲本身是一个言而有信、正直勇敢的人，孩子很容易就会接纳一套正面的价值观。看到父亲为了家人而努力工作，能够轻松地应对工作，对家人呵护备至，孩子的心中会燃起对美好生活的感激之情，这也会帮助父亲在孩子的青春叛逆期渡过难关，日积月累的信赖不会让孩子走上反抗家庭的极端；但是如果父亲从来就出尔反尔、只说不做，就难以保住自己与孩子的感情平衡了，当孩子长大以后，很可能会忤逆家长，伤害父子感情。因此，父亲时时刻刻都要留意自己会给孩子带来怎样的影响，用正面的行动来解释所有美好的品质，让孩子在耳濡目染中成长为一个正直可信的人。

建议二：好爸爸懂得怎样批评男孩

英国17世纪著名的政治家、哲学家和教育家约翰·洛克提出过"绅士教育"，曾得到大部分人的认可。他主张一定要用温存的语言，耐心热情的态度，和颜悦色的劝导，有计划、有步骤地培养儿童的习惯，切记不可声色俱厉、简单粗暴地责备和训斥他们，以免伤害儿童脆弱幼嫩的心灵和正在成长中的自尊心。他提出的这种奖惩方法就是使孩子知道羞耻和光荣。孩子一旦懂得了受尊重与羞辱的区别，尊重和羞辱对他们的心理就成为一种最强有力的刺激。家长一旦能让儿童爱惜名誉，惧怕羞辱，就等于使他具备了一种真正的做人原则。这个原则会永久性地发挥作用，使他们走上正轨。

但如何才能做到这一点呢？

首先就是要培养孩子的羞耻心。儿童对于赞扬是极其敏感的。他们在比我们想象得更早的幼年时期就具有这一敏感性。他们觉得，自己能被别人看得起，尤其是被父母或者自己所依赖的人看得起，是一种莫大的快乐。所以，假如做父母的看见孩子的行为得体或表现良好，就应该适时地给他们几句赞扬；看到孩子表现不好或者做了错事，除了父母，孩子身边其他的人，也都用冷淡的态度对待他们，这样，用不了多久，孩子就能感觉到这两种不同的态度。这种办法如果能坚持下去，收到的效果要比贸然地吓唬或者打骂他们要好得多。威吓或者打骂用多了，孩子就会对它失去恐惧。如果孩子的羞耻感没有被培养起来，使用暴力是没有什么用处的。所以，家长应该禁止用暴力的方式教训孩子。

其次，让孩子懂得优秀的人可以得到可爱的东西，使孩子更加深刻地体会到，受到尊敬是值得喜悦的，而遭到羞辱是应当感到耻辱的，洛克认为，这两种截然不同的感觉会在心灵上约束孩子的行为。当孩子不同的行为和表现值得受人尊重或者应该遭到羞辱的时候，各种使孩子感到可爱的或者讨厌的事物，应该紧紧跟随其后到来。

在对待孩子的奖惩上，日本教育家多湖辉有自己的看法。他认为，孩子会在被批评的过程中，学会辨别是非，学会区分哪些事情是好的、哪些事情是坏的。因此，家长要学会既改正孩子缺点，又不伤害孩子的自尊心的批评。

批评孩子，应该保持冷静的态度，向他讲道理，以理服人，而且自己的立场也要始终如一。另外，批评孩子要有分寸、方法得当。

多湖辉曾因不满学校的严格管理，做出了伙同他人一起破坏学校部分校舍的荒唐之举。学校的规章制度非常严格，所以他已做好了退学的思想准备。而校长却把他们召到校长室，流着眼泪说了下面的一段话："太令人遗憾了。我现在什么也不说，想必你们也在反省自己吧？希望你们能再一次反思一下自己所做的事情。"校长宽宏大量的批评，深深地刺激了学生们，使他们进行深刻的自我反省。因此，采用什么样的批评方式非常重要，它既能使孩子的才能得到提高，反过来也能使之下降。

多湖辉一直主张："批评时要正襟危坐。"进行重要的谈话时，任何人都要端正姿势，创造一种严肃的气氛。而且，不是单方面地命令别人如何去做，而要采取一种理解对方的立场、倾听对方意见的具有包容性的态度。不论做了多么荒唐的事情，都应该有其原因。问清这些原因并予以理解是能让孩子接受批评的先决条件。

第三章　严是爱，溺是害

——妈妈对待男孩要"狠"一点

细节 14　好妈妈应进行"岗前培训"

有这样一个说法：上帝之所以先造出男人，并不是因为男人比女人优越，而是因为男人比女人容易造。上帝先试着造出男人，成功以后才去造女人。当上帝把女人造出来以后，上帝创造人的任务也就完成了：它把这个任务交给了女人。这样看来，母亲的工作正是上帝的工作。

孩子是从母亲体内孕育的新生命，因而母亲的身体素质决定了孩子的健康基础。最新的科学统计表明，母亲的智商对孩子的智力有更为明显的遗传优势。母亲创造人类，这是对上帝的工作的延续，也是人类得以不断进步、充满希望的基础。

上帝选择女人来完成他的工作，不仅是因为女人能够繁衍子孙，更因为女性的特质，即善良、勤劳、温柔的亲和力，填充了孩子在父亲影响下形成的思维世界，让他的精神在正义、勇敢等的筋骨下，充满情感的血肉。就像上帝不仅仅创造出人类，还给人类以信仰和力量一样，母亲也不仅仅是生养了孩子，还是孩子精神的避风港，她可以在孩子遇到挫折、失去信心的时候，给孩子鼓励和安慰，让他重新鼓起生活的勇气，勇往直前。

母亲的素质对孩子的方方面面起着影响：

1. 有修养的母亲养育有修养的孩子

所谓"修养"，处处体现在日常生活当中，与人相处或是独自一人时，所思所言都是修养的体现。母亲与孩子朝夕相处，因而孩子身上大多数的修养，还是从母亲那里点点滴滴培养而成的。母亲尊老爱幼，孩子自然就会学会孝敬；母亲节俭有度，孩子自然就会拒绝奢华；母亲彬彬有礼，孩子自然就会谦虚不傲……

著名华人指挥家汤沐海的母亲蓝为洁女士，就特别重视孩子的修养，她自己是一个电影剪辑师，在她的剪刀下，产生了一部部优秀的电影作品，对艺术的理解，也让她常常直言不讳地与儿子交流。在她的养育之下汤沐海成为世界级的指挥家，小儿子也是有名的画家。汤沐海的高雅修养和高尚品质，很大程度上来源于母亲的影响。

2. 善良温柔的母亲让孩子懂得为他人着想

精神的冷漠是可怕的，很多感情木讷的人，在童年时代往往缺少母亲善良温柔的感染，这样的人往往性格粗暴、对人没有耐心。"悲天悯人"的情怀虽然可以由后天的修养与教育形成，但是它仍然是来源于孩子母亲的善良根基。

比尔·盖茨曾经说，自己在母亲那里得到的是"虔诚和善良"，在全球拥有超过 44 万雇员的比尔·盖茨退休以后，专门投身慈善事业，它不仅是连续 13 年蝉联世界首富的商业巨人，也是长期大力支持慈善活动的社会活动家。从他对全世界贫困地区的大量捐款上，我们可以看到他善良母亲的印记。

3. 耐心细致的母亲教会孩子做事

再粗心大意的女孩儿，一旦变成母亲，就会变得坚强和细致，这也许就是常言说到的母性。每一个孩子都有自己的成长节奏，只有耐心等待和观察，才能很好地捕捉到孩子的步调，让他在适当的时间里做适当的事情，事半功倍。

不仅教育如此，在平时的生活中，如果一个母亲连听完孩子的话的耐心都没有，就不用指望孩子会有耐心倾听别人的意见，向别人虚心求教了。希望孩子养成良好的生活习惯，没有耐心是不可能成功的，作为孩子的启蒙老师，母亲的耐心是他成长中的最重要的礼物。

4. 沉着镇定的母亲使孩子学会坚韧不拔

当"郁闷"成为社会的流行语，抱怨也就开始成为整个社会的风气。长期承担家务的母亲们，常常在孩子面前喋喋不休地抱怨自己的辛苦，"唠叨"成为现代母亲一个不光彩的标签。遇事沉着冷静，讲求效率和意义不仅是商业人士的必学知识，也是母亲在教育过程受益无穷的原则。

母亲对孩子的影响相比较父亲而言，更加具体和细小，孩子如同初生的果实，上面还有一层薄霜一样细小的柔毛，母亲的手，正是要感知到这些细微的绒毛，呵护孩子的成长。所有母亲的特质，都是她作为女性特质的延伸，当上帝决定你成为一个女人，就是他在授予你创造人、养育人的工作。如果用一个词来概括，那就是展现母亲的"亲和力"。

建议一：爱是维系母子关系的纽带

吴章鸿是一位平凡的母亲，但她在 2005 年被全国妇联评选成为"感动中国的十位母亲"荣誉称号。她以她的家教经历告诉世人，"穷"妈妈的爱可以雕琢出最为珍奇的音乐人才。她的儿子吴纯已经是第 16 项国际钢琴比赛大奖的获得者，这位妈妈用最朴素的爱来陪伴孩子一点一滴的成长，她在孩子还小的时候曾经有这么一段时间，每天早上五点半起床把孩子绑在身上，挤公交车去上学。她懂得教育孩子，但是从来都不会用暴躁的方式来压制孩子，而是耐心地劝导，用一片爱心来给孩子讲道理。在吴纯 11 岁的时候，其父亲与吴章鸿离婚并带走了家里所有的财产，而吴章鸿咬紧牙关，和孩子一起共渡难关，依然给孩子创造最好的教育条件，同时还告诫孩子记住周围人对自己的帮助，培养他的感恩心。在妈妈的感染下，吴纯从小就明白作为一个人应该秉承的处世之道，正如他的老师——世界著名钢琴大师克莱涅夫教授对他的评价："他是一个礼貌并真诚的人，这一点可以让他赢得更多的尊敬与敬佩。"

在旁人的眼中，吴章鸿与儿子一直是非常和谐的组合，还在吴纯小的时候，吴章鸿对他说："你需要爱，妈妈同样需要爱，妈妈在爱你的同时，妈妈更希望得到你的理解，尊重和支持。"确实，这样的一种爱才是最完美的亲子关系。

日本教育家井深大认为："孩子和母亲之间有一条纽带在维

系着。"

这条纽带不是语言，而是母爱。尤其是在培养人品的时候，这种不用语言也能进行意思传递的"纽带"更是必不可少的条件之一。

小时候缺乏爱的孩子，长大后多数也不懂得如何去爱，这并不能说他们自私，而应该说，这些孩子是因为在某一时期之前没有被爱过，所以不能接受爱。也就是说，在这些孩子的身上没有养成知足的心理和被爱的心理。

井深大在自己的著作中举了伊扎贝尔的故事：

> 伊扎贝尔的母亲是一个口不能说、耳不能听的聋哑人。伊扎贝尔出生后，家人为了让她们母女躲避世人的目光，在一间形同牢房的漆黑房间里，整整对他们进行了六年半的监禁。伊扎贝尔出生时，是一个没有任何异常的正常婴儿，但是在经过六年半的监禁之后，被人发现时，她却变成狼少女的模样：嘴巴不能说话，对陌生人充满敌意，一副穷凶极恶的样子。

据说，她的行为只相当于出生六个月的婴儿水平。但是经过梅逊和戴维斯两位大夫的共同教育，这位不幸少女的词汇量逐渐增加，数年之后，她达到了能够进行日常生活的水平。出生后到六岁半的时间里，没有人跟她说过话，陪伴她的只有黑暗和寂静。可是，伊扎贝尔最终却融进人的生活，这是为什么？

这是因为伊扎贝尔和母亲的肌肤之亲十分丰富，既不能听也不能说的母亲不可能听得见伊扎贝尔的哭声，也不可能对伊扎贝尔说出温柔的话语，但是，她可以通过搂抱婴儿，和婴儿进行心灵的交流。正是这种心灵的交流刺激了伊扎贝尔的大脑和心灵，并培养她作为一个人的心灵。

说到心灵教育，似乎让人觉得很难很难，其实，它并不难。对新生婴儿的初次爱抚，喝奶时婴儿和母亲之间的视线交流，母亲对婴儿的逗笑以及母亲对婴儿出声时的应答……这种母婴之间的交流是母亲和孩子之间联系的纽带，它是这个时期最重要的东西。

井深大把母亲和婴儿之间的相互感觉以及母亲和孩子之间的联系纽带表达为"不用语言的交流"和"语言之前的交流"，婴儿所感受到的首先是"语言之前的交流"，然后婴儿的心灵和能力才会成长。

建议二：妈妈是男孩的第一任老师

人民教育家老舍先生在怀念母亲时说过如下一段话："从私塾到小学，到中学，我经历过起码有百位教师吧，其中有给我影响很大的，也有毫无影响的。但是我的真正的老师，把性格传给我的，是我的母亲。母亲并不识字，她给我的是生命的教育。"

母亲教育研究所所长王东华教授在他的《发现母亲》中说："对母亲的依恋是人的精神赖以存在而不致崩溃的基础，也是人不断扩大自己生存疆域的依据，人所有的信仰，都是对母亲的信仰的一种替代形式。"这话一点也不夸张，母亲能够带给孩子的动力，是难以估计的。

观察一下你身边，就可以发现，那些阳光自信、充满乐观心态的孩子们，几乎无一例外地都拥有一位极其疼爱他们并乐于赞美的母亲。父亲的爱或许更多的是含蓄与深沉，他在潜移默化中教会孩子形成正确的价值观与良好的品性，而母亲的爱与热情，正好将这种力量激发出来，使之发挥出最大价值。女人天生具备表达情感和想法的特质，让母亲更易于夸奖孩子、关注孩子情绪的变化、在意孩子心情是否愉快等。父亲让孩子感受到勇敢和进取，但是让孩子在生活中深刻体会到这种品质的，还是与孩子形影不离的守护神——母亲。

战国时期齐国的王孙贾，15岁入朝侍奉齐湣王。一年，淖齿谋反刺杀了齐湣王，齐国人却不敢讨伐逆臣淖齿。王孙贾的母亲看到这一切，极为痛心。她对儿子说："你每天早上出去，晚上回来，我总在家门口等你，如果你晚上回来得晚，我还要到外面张望。你是湣王的臣子，怎么能够在王失踪生死未卜的情况下，安然回家呢？"母亲的话让王孙贾非常惭愧，他走上街头，号召人民起来讨伐淖齿，当时就有四百余人响应，最后终于平息了叛乱。

很多人担心，不知道怎样去教育孩子珍惜人生、积极进取。其实，只要你自己本身是一个积极进取的母亲，孩子自然就能养成阳光的心态和性格。孩子对人生的所有理解，都是从母亲的身上慢慢感悟到的。正因为如此，妈妈们才更有必要去改变自己、提高自己。

中国台湾著名的漫画家几米有一本漫画，叫作《我的错都是大人的错》，其中有很多"金玉良言"，一针见血地说出了现代家教的矛盾：

有些父母喜欢教训孩子：吃得苦中苦，方为人上人。
但她们自己吃尽了苦头，怎么没有变成人上人……
大人喜欢吹牛，
却要求小孩诚实。
所有的孩子都爱吹牛，

说他们的爸爸从来不吹牛。

大人喜欢对小孩说：

永远永远不要放弃梦想。

但为什么放弃梦想的都是大人？

这些既简单又直白的语言，把大人问得哑口无言了。为什么家长总是在做自相矛盾的事情，一边说着这样的话，一边又做着那样的事。每个父母都希望自己能有一个称心如意的孩子，但是很抱歉几米又说出了一个真相：我知道我不是一个完美的小孩，但你们从来也不是完美的父母，所以我们必须互相容忍，辛苦坚强地活下去。

很多孩子的不完美，都是从大人的身上映射过来的。比如我们常说孩子没有什么自尊心，不知道害羞，脸皮太厚。是不是因为他的自尊心被父母伤害得太严重了，产生了"抗体"？或者是他们没有从父母的身上找到自尊的感觉，从来不知道自尊是一种怎样的东西。现在孩子身上反映出来的种种问题，都是大人教育思想或者教育行为的后果。

妈妈与孩子相处的时间最多，对孩子产生的影响也最多。有的妈妈说孩子不爱学习，但是她自己也从来没有在家中翻阅过一本正经的读物。

有一位老师曾说，他请了专门的家长培训老师去学校培训，结果有几个家长却趁机带着孩子去澡堂。"那些人的脑子才需要洗一洗呢！"

家长会上，如果是家长自由选择座位，常常可以见到大家都往后面坐，哪怕讲台前面的位置空了很多。有很多家长迟到，或者听到一半的时候就离开了教室，或者在听课的过程中从来没想过要记笔记，或者是突然接听电话，大声说话打断主讲人……

我们能责怪孩子听课不积极、不记笔记、不用心、不守时么？

家庭是孩子的第一所学校，而母亲，是孩子的第一位老师。好的或者坏的教育，都将在孩子的心中留下烙印，代代相传。孩子身上的那些错误，很可能就是这个家庭的错误，或者，就是母亲的错误。

细节 15　克制自己的包办心理——好妈妈应学会去除多余的爱

吃水果时，孩子拿起了水果刀准备削皮。妈妈见状，立刻夺了下来："你不能削，会削到手。"

儿子拿起水杯，向热水瓶走去，妈妈马上说："会烫着手，我来，你过去等着。"

公园里，器械旁，妈妈的眼神牢牢地跟着孩子，不时大声叫："那边危险！不要过去！""那么高的地方不能爬，会摔下来。"孩子下了秋千和滑梯，家长赶忙跑过去扶住孩子。

妈妈如此担心孩子，生怕孩子受到一丝伤害，于是把孩子严密地保护起来。孩子们的确没有磕着碰着摔着，家长以为安全了，尽到做母亲的责任了。可是，在这样的保护下成长的孩子是什么样的呢？

孩子们好奇的眼神在一次次"不能"的喝令当中逐渐变得漠然。忍不住伸出的手吓得缩回去，不再伸出。心里那只探索世界的小手也缩了回去。种种未知的危险始终回响在耳边，只是想象，就已经限制了孩子的行为。

等孩子渐渐地长大时，他们便什么也不敢做，什么也不会做了。母亲的代劳让孩子甚至没有了自己想要去做的意识。孩子们变得唯唯诺诺、自私、懒惰、怯懦、自卑和不合群，有的甚至出现了严重的心理问题，更别提冒险和探索了。

用一句话来说，这就是母亲过于保护的结果。想想看在这种环境中长大的男孩子，什么事情都不敢做，还期望他们能有什么创造性吗？

母亲的庇护不会出现在任何时刻，事故终归是难以避免的。男孩们要学的是怎样去解决在生活中的疼痛甚至是困难。尝试了，体验了，即便是痛，也是他们人生的最初几步中宝贵的财富。感受了才能更深刻地意识到以后应该小心去避免。而妈妈们，无形中剥夺了男孩们享受的权利，导致了他们的无能。妈妈不是孩子永远的"保护伞"，经常沐浴在母爱保护之下的男孩离开了父母亲以后很难立足于社会。下面的这位妈妈就是很明智的，她给了孩子另外的一种保护。

为期两天的野营马上就要到了，孩子积极准备着去山里要携带的物品。他做了很多准备。妈妈检查了他的行李，发现他没有准备足够的衣服，因为山里要比平原冷得多，而且也没有准备手电筒，这可是野营时需要带的东西。

但是妈妈什么也没说。

两天后，妈妈问回来的儿子："怎么样？玩得开心吗？"

儿子说："我带的衣服太少了！还有，我没带手电筒，这件事情很麻烦。"

妈妈问："那为什么不预备好呢？"

"我还以为那儿的天气和这边一样，没想到山里会那么冷！下次再去的时候，我就知道该怎么做了。"

上个事例中的妈妈是想让"经历"去告诉孩子结果，而不是由自己直接告诉他，甚至无微不至地为他准备好。看上去，这位妈妈似乎是个不称职的妈妈，但她其实却是一位非常明智的妈妈。因为她阻止了自己的过度保护，而给了儿子直接的体验和经验积累，从而避免了让孩子走向无能。

男孩有预约错误经验的权利，所以不要找出"不想让他走弯路"的借口，应放手让他尝试错误。体验了失败，才能更有利地回避失败，这才是最直接的给予！如果母亲只知道帮助他踢开前进路上的小石子，会让他觉得一切都是容易的、安全的和可靠的。只有无数次错误经验的累积，才能让孩子直观地感受到错误的真正含义，这些远远胜于妈妈的"千叮咛万嘱咐"。

所以，妈妈要大胆地给他尝试错误的机会，这是男子汉成长过程中必须要经历的一步。

建议一：让男孩在逆境中保持乐观

在现代的家庭教育中，妈妈要让孩子们知道，他们面临的是一个处处充满竞争的社会，"物竞天择，适者生存""优胜劣汰"将是普遍现象，未经锻炼的翅膀难以搏击人生的风雨，难以在未来的竞争中取胜。妈妈们要认识到，要想让孩子在竞争中立于不败之地，必须对孩子进行挫折教育，让他们自小接受艰难困苦的磨炼，教会他们敢于面对挫折，不怕失败，以培养他们坚韧不拔的意志和毅力。经过在逆境中千锤百炼成长起来的孩子才能更具生存竞争力，这也是妈妈应为孩子尽到的义务和责任。

人的生活并非都是一帆风顺的，在我们的生命中总是充满着这样或那样的困难和问题。但是我们应该让孩子明白，在逆境中开放的花是更美的，就像冰山上的雪莲那样地纯洁、美丽！所以我们要让孩子相信：挫折和困难正是上天给予他们的试金石，它淘汰懦弱和无能者，坚强者更懂得人生，懂得如何去完善自己，也会获得更多的经验和教训。

逆境更能让孩子获得更好的成长机会。从一个人成长的一般规律看，顺境可以出人才，但是逆境、挫折的情境更容易磨砺意志，逆境也可出人才。在逆境中经过挫折千锤百炼成长起来的人更具有生存力和更强的竞争力。因为，逆境中奋斗的人既有失败的教训又有成功的经验，更趋成熟；他们能把挫折看成一种财富，深谙只有失败才可能成功，成功是建立在失败的基础上的，因此更具有笑对挫折、迎难而上的风范。

"宝剑锋从磨砺出，梅花香自苦寒来！"孩子在逆境中成长是一笔财富！但是我们要引导孩子面对逆境挫折时要有一种积极乐观的心态。

乐观像一股永不枯竭的清泉，乐观像一首没有歌词的永无止境的欢歌。它使人的灵魂得以宁静，使人的精力得以恢复，使美德更加芬芳。孩子在用乐观的心态生活时，他们的精神、灵魂、美德都会从这种愉悦的心情中得到滋润，尽管烦恼和不安时时吞噬着这种美好的心情，各种挫折和磨难会一点一滴地消耗它，但这如清泉甘露般的美丽心情永远不会枯竭，而是历久不衰以至永远。

所以让孩子保持乐观的心态，微笑着面对生活是很有必要的。那么，妈妈在生活中应该如何引导孩子乐观地生活，乐观地面对生活的各种挫折呢？

1. 要朝好的方向想

有时，孩子变得焦躁不安是由于碰到自己所无法控制的局面。此时，你应该让他们承认现实，然后设法创造条件，使之向着有利的方向转化。此外，还可以引导孩子把思路转到别的事上，诸如回忆一段令人愉快的往事。

2. 不要过于挑剔

大凡乐观的人往往是"憨厚"的人，而愁容满面的人，又总是那些不够宽容的人。他们看不惯社会上的一切，希望人世间的一切都符合自己的理想模式，这才感到顺心。因此尽量让孩子避免挑剔的恶习。挑剔的人常给自己戴上是非分明的桂冠，其实是在消极地干涉他人的人格。怨恨、挑剔、干涉是心理软弱的表现。

3. 偶尔也要屈服

当孩子遇到重创时，往往会变得浮躁、悲观。但是，浮躁、悲观是无济于事的。我们要告诉孩子不如冷静地承认发生的一切，放弃生活中已成为他们负担的东西，终止不能取得的活动，并重新设计新的生活。大丈夫能屈能伸，只要不是原则问题，不必过分固执。

建议二：消除孩子心中理所当然被爱的感受

相信大多数的家长都可以为孩子做出任何牺牲，且从不要求回报。但是如果家长表达爱的方式不对，就会让孩子们误认为父母为他所做的一切都是他理所应当该得到的。长此以往，孩子很容易变得以自我为中心，目中无人。

曾几何时，我们误信报刊舆论中的道听途说，总是觉得美国人对亲情很淡漠，就像电影《狐狸的故事》中演的一样，孩子在刚刚成年的时候就要像老狐狸驱逐小狐狸一样被父母逐出家门。我们似乎觉得美国的父母不懂得为孩子付出，不懂得疼爱孩子。但是美国人对此却不以为然，他们在孩子很小的时候就给孩子灌输这样的一个概念：一切都要靠自己的努力才能得到想要的东西。

有位爸爸来自财富之家，从小接受过最好的教育，是美国较为有名的整形医生。他有三个孩子，现在都在各自的领域里独当一面。这位爸爸在美国看到了太多富家子弟因钱而彻底毁掉的例子，为了避免这种事情的发生，他在孩子们还很小时就给他们立下了规矩：可以帮家人剪草坪或者取报纸等等换来一点零用钱，而作为家长，只为孩子提供接受最好教育的经费，仅此而已。如果孩子要旅游、要买车、要租房，都要通过自己的打工来实现。偶尔遇到特殊的情况，家长会借钱给孩子，同时要和孩子签合同，等到孩子有了能力之后要在第一时间偿还。

其实，他有足够的钱可以给孩子，但是一个有责任感的父母要教会孩子应该如何以正确的态度在社会上生存。

这样做的好处是让孩子真正体会到钱的来之不易，而且让孩子体会到自力更生的充实感。反之，一个从小在温室里长大的孩子不会懂得生活的来之不易，也不会懂得理解父母的辛劳，更不会理解父母的一片爱心，他们只是觉得这一切是理所当然的，有什么必要感恩呢？如果一个孩子是抱持着这样的想法，可以断定他也不懂得上进。到头来，父母的一片爱心换来的却是痛苦和悲伤。

当你让孩子明白父母到底都为他做了些什么，你就会感慨，了解事实后的孩子变得懂事了很多。

细节 16 三分爱，七分管
——妈妈教育男孩的智慧

十月怀胎的辛苦和分娩的"切肤之痛"让妈妈们最能体会骨肉亲情，日常起居上的悉心照料更加深了母亲与孩子之间的感情，母亲对子女的爱，已经不是慈母手中线缝出的衣裳能够代替的。也正因为如此，母亲更容易溺爱子女，在独生子女的家庭尤其如此。

明明的妈妈是一个全职太太，体会到丈夫在外面工作的不易，她也要求自己把家里的事情打理得事事顺心。在对明明的教育上，妈妈积极地给孩子报辅导班，按时接送孩子，一日三餐都按照营养书上推荐的搭配，保证孩子的身体健康。

平时孩子的任何事情，收拾书包、放水洗澡这些都由妈妈一手操办，在家庭内务上，妈妈尽心尽力，毫无怨言。

而明明却没有感觉到妈妈的辛苦，在他看来，妈妈所做的一切都是理所当然的，如果哪一次他发现妈妈没有帮他把书包收好，或是给他做的饭菜他不爱吃，或是没有及时叫醒他去上学，他都会大哭大闹。爸爸长期不在家，妈妈就成了明明最亲密的伙伴，但凡遇到困难，

妈妈总是第一时间帮他解决，但是明明还是常常和妈妈
怄气。

不论是出于补偿心理，还是出于对孩子的爱，明明的妈妈都
绝对到了溺爱的地步。这样的妈妈可以理解，但是很遗憾是不明
智的。

妈妈们溺爱孩子，都是为了让他生活得幸福，但是孩子能在
父母的照顾下成长多久呢，总有一天他需要与别人一起应聘、一
起工作、一起生活，到那时他的困难谁来解决？有的人正是知道
自己不能保护孩子一生，越发有求必应百般顺从了。这样的母亲
可以说是不负责任的，因为她没有为孩子的将来做任何打算，并
且让孩子错失了很多学习成长的机会，她将一个低能儿抛给了社
会，这样的行为不可饶恕！

孩子是需要挫折才能健康成长的，这一点将在以后的章节中
详细论述。溺爱则会让孩子养成不好的生活习惯和性格。

被溺爱的孩子很难遵守规矩，也不懂得自我约束，在他们看
来，规矩就是为别人准备的。由于凡事都有家长包办，孩子往往
有太多优越感，做事情眼高手低，也不善于与人相处。当别人帮
助了自己的时候，在溺爱中长大的"小皇帝"们也不懂得感恩，反
而觉得是理所当然；当他们看到别人比自己优秀的时候，不仅不
会向别人学习、替别人高兴，还会产生沮丧、嫉妒的消极情绪。

在一家家庭咨询处的会客厅里，一位母亲面对专家
显得忧心忡忡。

专家问，孩子第一次系鞋带的时候打了个死结，你
是不是不再给他买有鞋带的鞋子？孩子第一次洗碗的时
候，弄湿了衣服，你是不是不再让他走近洗碗池？孩子
第一次整理自己的床铺，整整用了 1 个小时，你嫌他笨手

笨脚，对吗？孩子大学毕业去找工作，你又动用了自己的关系和权力？

所有这些答案都是"是的"，这位母亲惊愕了，从椅上站起来，凑近专家说："你怎么知道的？"

专家说，"从那根鞋带知道的。"这位母亲问，"以后该怎么办？"专家说，"当他生病的时候，你最好带他去医院；他要结婚的时候，你最好给他准备好房子；他没有钱时，你最好给他送钱去。这是你今后最好的选择，别的，我也无能为力。"

这则故事中的母亲，就是用自己的爱，为孩子埋下了一个温柔的陷阱，由于被剥夺了犯错误和改正错误的机会，孩子也失去了长大成人的权利。当他们在日后的生活中遇到一些不如意的事情，除了向妈妈求救，就只能"独自垂泪到天明"了。

所有母亲不妨仔细体会美国女小说家菲席尔·D·C的话："母亲不是赖以依靠的人，而是使依靠成为不必要的人。"

建议一：好妈妈能拿捏好表达爱的分寸

天下没有不爱孩子的父母，但是，父母们往往拿捏不好爱的分寸，容易对孩子造成溺爱。溺爱的危害不言而喻。在探讨如何防止溺爱男孩之前，我们先做个小测试，看看你是否是溺爱孩子的父母、这种溺爱到了何种程度。

题目：请根据孩子的真实状况选择偏高、一般、偏低三个选项。（注：该问卷针对6～12岁孩子的父母）

1. 孩子会自己整理书包，准备上学用具。

2. 受到挫折的时候，不会向父母发泄。

3. 看到某些想要的东西，如果父母不给买，孩子就会放弃。

4. 孩子在找人借东西之前，都会向物主说一声。

5. 遇到什么困难都不会抱怨别人，并且希望下次做得更好。

6. 会关心其他的家庭成员。

7. 愿意与客人分享自己的食品和玩具。

8. 无论是看电视的时间，还是上床睡觉的时间，都有规律可循。

9. 需要做决定时，知道自己要什么，不会不知所措。

10. 做家务劳动的时候尽职尽责。

11. 能够清楚地表达自己的想法。

12. 遇到问题首先想到自己解决，不会马上让父母协助。

13. 见到别人会很自然地打招呼。

14. 善于反省自己的问题。

15. 不会乱发脾气，生气有原因。

16. 能够欣赏别人的优点，而不是嫉妒。

17. 对父母的付出懂得表达感谢。

18. 家里家外一个样。

19. 能适当支配自己的零用钱。

20. 总是喜欢自己、欣赏自己，对自己很有信心。

21. 容易亲近，善于与人合作。

22. 喜欢动手帮忙做家事，不懒散。

23. 在环境及外部条件恶劣的情况下，依然做好自己该做的事。

24. 不会和人比较物质条件。

评分标准：

偏高得 2 分，一般得 1 分，偏低得 0 分。答完 24 题之后，累计总得分。

测试结果：

37 分以上：你不是特别宠爱孩子，你的孩子已具备很好的社交能力，能应付这个繁杂的社会。

25～36 分：你有一点宠爱孩子，现在你要帮助他建立他较欠缺的与人交往的能力。

12～24 分：你很宠爱孩子，有时过度保护，有时又太放任，这样会阻碍他发展相关能力的意愿与标准。

11 分以下：你已经过度宠爱孩子，阻碍他很多能力的建立，不可以再宠他了。

父母对孩子溺爱，受伤最大的是孩子。溺爱的危害首先在于这样的男孩比较缺乏同理心。因为男孩可能从来没有被父母呵斥过，也就无法准确体会别人的情绪和需要。被溺爱的男孩也容易没有自信，因为父母为他做好了一切，他还会做什么呢？被溺爱的男孩其表达能力或多或少都会有所欠缺，因为在他表达出来之前，父母都已经为他做好了。

那么，父母应怎样正确地向孩子表达爱意呢？美国宾夕法尼亚大学莫尔学院的哈利亚特博士认为：家长应该给自己准备一份自我检查表，经常对照检查，检查的内容有：

1. 告诉孩子"我爱你"。
2. 通过温和的触觉传达对孩子的爱意。
3. 关心孩子的行踪。
4. 让孩子明确什么是对，什么是错。
5. 对孩子每一个小小的进步表示认可。
6. 向孩子询问对父母是否有意见。
7. 耐心地回答孩子提出的各种问题。
8. 交给孩子一些工作，让他懂得承担责任。
9. 让孩子对自己有足够的信心。
10. 尊重孩子的个性。

哈利亚特博士在进行研究的过程中，为家长总结出向孩子表达爱的三条途径：

第一，每天有固定的时间与男孩进行交流。可以是坐在地板上与男孩一起做游戏，可以是帮助男孩完成学习计划，可以是与男孩一起欣赏电影。

第二，用和蔼的语言让男孩感觉到被认同。当男孩向父母表达一种感受的时候，父母应该是以同样的心情回应他。

第三，帮助男孩正确表达自己的情绪。家长可以限制男孩的行为，但是要让男孩充分地表达自己的情绪。交给他正确表达情绪的方法，并不是单纯靠哭闹就可以解决问题。

按照这三条建议做，相信家长对孩子的溺爱行为能得到较好的纠正。

建议二：让男孩感受到自己"得宠"

一个孩子在生活中受到周围人的关注越多，在各方面就会表现得越好。当他感到自己"得宠"时，就有动力追求完美和优异。当一个孩子明显地感受到被关注，就越是希望表现自己，所有的才能都会被调动起来。

《鬼妈妈》是一部以美国畅销小说为题材改编的动画片。卡罗琳是一个只有十几岁大的小女孩，对身边的一切充满了好奇，但是由于爸爸妈妈在平常的生活中要处理很多关于工作的事情因而无暇照顾她，闲得发狂的卡罗琳只好在家里到处转来转去，并发现了一个惊天的秘密，她通过一扇奇怪的门走入了另一个"家"，那里有和现实生活中一样的居住环境和待人周到的"妈妈"——只不过那个妈妈的眼睛被纽扣缝上了。正是由于那个

"妈妈"熟谙儿童的心理，热情地陪伴她玩耍，卡罗琳觉得自己找到了真正想要的快乐。只是，后来她发现那个"妈妈"是个女巫并进行了一场斗争……

从这部影片中，父母可以从中学到一些道理：孩子虽然小，但是他们确实希望得到爸爸妈妈更多的爱和关注。当孩子发现父母好像并没有将太多的注意力放在他身上时，其心里的黯然失落是非常正常的。

对于孩子来说，他们内心中最需要的是一种爱的感觉，他们希望有更多的时间和爸爸妈妈在一起，感受到更多的来自父母的关注和爱护，这种良好的感觉，是孩子在日后乐观、积极、自信的主要动力源。

或许，父母只是每天简单地问一句"今天在学校怎么样"，却传达出了对孩子的一个明确信号，那就是父母很在乎他在学校里的表现。有些家庭和家长可以从各方面关注子女的教育，而另一些只有时间去关注子女一两个方面的问题。但不论何种层次的介入，相信都会对子女的一生起到重要的作用。每天，我们可以在家中听孩子讲述他在学校中看到的有趣故事，和小孩子一起聊聊天，并不是什么难做到的事情，所能起到的作用却是最大的。

曾经有一位教育研究者给家长提出一道多项选择题：以下 4 个选择你认为哪项最能够帮助小孩在学校里提高学习成绩？

A. 为学校做义工

B. 监督小孩功课

C. 与小孩讨论学校所发生的事

D. 与小孩的老师保持联系

当然，以上的任何一项都对小孩的学习进步很有帮助，但是研究人员的统计结果表明：回答 C 的家长，他们的小孩在学校中的成绩是最好的。这并不意味着其他的选择不重要，而是更加深刻地说明了父母和子女共同参加一项活动是多么的重要。

弗兰克是家里的一名小主人，不但参与家庭中的各种活动，还参与家庭大事的决策。比如爸爸妈妈要购买什么样的汽车或者是家电，要怎样把房间布置一下，都要征求一下弗兰克是否有更好的点子。

父母对男孩如果不进行沟通引导，其结果常常会适得其反。美国有一个七岁小男孩在作文课上写给家长的信中写道："当你用权力来阻止我去做我想做的事时，我想说的是，我恨你！"家长要培养一个好孩子，应该与他们尽可能多地交流，交流得很好会促进你与孩子之间的融洽关系，也方便我们开诚布公地教导他们。

细节 17　教育好男孩的秘诀

　　疼爱孩子是母亲的天性，但是如果疼爱过了头，那就变成溺爱了，溺爱只会害了孩子。作为母亲，千万不要让溺爱害了孩子。

　　教育男孩，最忌讳的就是溺爱。一个在溺爱环境中长大的男孩，别指望他将来会有出息。对男孩的爱，只能放在心里，表现出来的，该狠还是要"狠"一点。要舍得让男孩吃一点苦头，不要对男孩的要求全部给予满足。以男孩为中心，一味地溺爱，是不利于男孩身心健康的，对他们的成长极为不利。

　　一位母亲中年得子，对儿子是百般疼爱，从来什么都是依着他，他要什么就给什么。儿子是个比较内向的男孩，平时不爱和人交往，学习成绩也是普普通通。高中毕业之后，儿子没有考上大学，母亲就将他送入了一所私立大学读书。就在儿子读书期间，妈妈每两个星期都要到儿子的学校去看望他，生怕他有什么不适应。

　　大学毕业之后，母亲并不鼓励儿子主动去找工作，她对儿子说："你是大学毕业生，可以找一份好点的工作。"意思是不让儿子出去受苦受累。于是儿子很心安理得地在家里过了两年，但是什么工作都没有找到。后来父亲不得已帮儿子找了一份很普通的工作，儿子上班不到一个月就回来了，说不适应，而这一回来，就在家里待了4年，这4年中不出家门一步。

看到儿子这样，做母亲的十分担心，但还是一味地由着他，但是老两口年纪一把，这么下去，儿子以后怎么办呢？父亲为此渐渐变得不爱说话了，心中的压抑堆积了起来，最后得了忧郁症。父亲住院了，儿子也不去看望，而母亲不得不在照顾了丈夫之后又回家给儿子做饭。

这是一个真实的故事，可以说，儿子能走到今天，都是过度溺爱的结果。这样的男孩，如此自闭、冷漠、寡情、无能，几乎等于一个废人，更谈不上什么男子汉了。这是孩子的悲剧，更是母亲的悲哀。

建议一：妈妈应多培养拥抱男孩的习惯

人们普遍认为"常抱会养成习惯"，意思是说：常常以抱止哭，容易惯坏孩子。果真如此吗？如果说这是意味着"别溺爱""别太宠"的一种警告性提示，那是可以认同的。但如果是矫枉过正，尽量避免拥抱婴儿，就值得商榷了。

正在哭的婴儿，如果有人将他抱起来，就会停止哭闹而绽开笑容——这是父母们都体验过的事。

井深大指出，对于尚不能用语言、动作来表达想法的婴儿来说，哭是唯一的自我表现的方法。须知，婴儿只要在哭，便是或多或少要诉说心中的感觉，对于他所代表意志的召唤不予回答，就等于片面地拒绝了婴儿的要求。

特别是出生不久的婴儿和母亲的肌肤接触，即所谓的皮肤关系，在孩子的心灵发展上最为重要，已是一般的常识。

关于这方面的经验，十多年前曾有美国的专家以猴子做实验而提出了有趣的报告。

威斯康星大学灵长类研究所所长哈里·哈洛博士，将刚生下来的小猴子从母猴怀中移开，换用人工制造的妈妈，来观察小猴对母亲的需求情形。

哈洛博士准备了铁丝做的和布块做的代用妈妈，并分别在木偶身上通电流使之产生体温，有的带奶瓶，有的会轻轻摇动。

结果发现，小猴最喜欢有体温的、触感柔软的、有奶及可以被摇晃的假妈妈。因此，哈洛博士强调，人类的婴儿也和小猴一样，需要的是奶与暖和、柔软的触感，以及轻轻摇动的感觉，而母亲温和地怀抱婴儿，对婴儿的心理发展无疑是最重要的。

井深大说，他之所以主张"应多培养拥抱孩子的习惯"，无非也是希望借此充分地做好母子间的思想沟通。肌肤关系，是培育丰富情感的基石。

成长中的男孩需要家长更多的细微关心和更多的拥抱。妈妈对于男孩要多关心，要经常问问男孩最近的学习还有活动状况，询问一下男孩掌握的知识有多少，最近阅读了什么样的好书，应该尽量多表扬男孩，让他感觉到自己每天都有进步，哪怕他今天只是改正了一个缺点。妈妈的拥抱与鼓励是不可少的，最起码会让男孩具有一定的自信心，让他懂得今后去更加主动地学习。

建议二：请放下那副"教育孩子"的架子

李丽从国外回来，那里的许多人和事仍历历在目，如一些家长蹲着，和孩子在一个水平高度上面对面地谈话，给她留下了很深刻的印象。

　　第一次见到这种情景是在她住的朋友家。一个周末，他们请了一对青年夫妇和孩子来吃晚饭。当这个两岁多的孩子吃饱了，要下地去玩时，孩子的母亲也立即离开餐桌，蹲下来面对着孩子说："你是不是坐到离餐桌远一点的地毯上去画画？"孩子高兴地坐到那边独自玩去了。当时，她对这位家长蹲下来对小孩子说话的举动虽然感到讶异，但又以为这只是这位妈妈特有的教育方式而未再多问。

　　又一个周末，学校的一位秘书尼蒂请她到她家做客，她又一次见到这动人的情景。尼蒂有一双可爱的儿女，当他们准备乘车一同去超级市场时，4 岁的儿子罗艾姆因为姐姐先坐进汽车而不高兴，尼蒂在车门口蹲下来，两只手握住儿子的双手，脸对脸，目光正视着孩子，诚恳地说："罗艾姆，谁先坐进汽车并不重要的，对吗？"罗艾姆看着妈妈，会意地点点头，钻进了汽车并挨着姐姐坐了下来。第二天上午，李丽和尼蒂一家去公园玩。当罗艾姆同姐姐跑跑跳跳，要到湖边去看戏水的鸭群时，不小心绊了一跤，眼泪在他的大眼睛里滚动着，马上要流出来了。这时，尼蒂又很自然地蹲下来，亲切地对儿子说："你已经不是小宝宝了，是不是？你已经是个大男孩了，绊一下是没关系的，对吗？"李丽也学着在一旁蹲下来，面对着罗艾姆说："是的，你是个大男孩了，对吗？"孩子一下子就收住了眼泪，很自豪地玩去了。

　　这时，李丽禁不住同尼蒂谈起了这样的教育方式。尼蒂说："与孩子说话当然要蹲下来呀！他们年龄小，还没有长高，只能大人蹲下来，才能和他们平视着说话。在我小的时候，我的父母就是这样同我说话的。我认为，孩子也是独立的人，因为他们比成人矮一些，成人就应该蹲下来同他们说话。"

实际上，这里的"蹲下"并不只是动作和行为上的"蹲下"，它更多的是传达与孩子站在相同立场上的观点。

或许妈妈早已习惯了站在成人的立场，以成人的思维方式为孩子分析问题，告诉他们应该如何去做，这会使他们怯于亲身去体验。如果我们坚持认为自己知识渊博，总是滔滔不绝地向孩子灌输，不厌其烦地纠正孩子的错误，我们就限制了孩子自己去积累知识的机会。而且，这种认为孩子这也不行、那也不行的态度，会极大地打击他们的积极性，使他们丧失自信。要学会站在孩子的角度思考问题，我们所要表达的爱，是要对方能接受的，千万不可因"爱"而生"碍"。

妈妈只有放下架子，和孩子平等交流，才能真正走进孩子的内心，给孩子以鼓励和帮助。

建议三：以身作则，培养诚实的男孩

美国一位著名心理学家为了研究早期教育对人一生的影响，在全美选出 50 位成功人士，他们都在各自的行业中获得了卓越的成就；同时又选出 50 位有犯罪记录的人，分别给他们去信，请他们谈谈母亲对他们的影响。有两封回信给他的印象最深。一封来自白宫一位著名人士，一封来自监狱一位服刑的犯人。他们谈的都是同一件事：小时候母亲给他们分苹果。

那位来自监狱的犯人在信中这样写道：

小时候，有一天，妈妈拿来几个苹果，红红绿绿，大小不同。我一眼就看中一个又红又大的苹果，十分喜欢，非常想要。这时，妈妈把苹果放在桌上，问我和弟弟：你们想要哪个？我刚想说要最大最红的一个，这时弟弟抢先说我想说的话。妈妈听了，瞪了他一眼，责备他说：好孩子要学会把好东西让给别人，不能总想着自己。

于是，我灵机一动，改口说："妈妈，我想要那个最小的，最大的留给弟弟吧。"

妈妈听了，非常高兴，在我的脸上亲了一下，并把那个又红又大的苹果奖励给我。我得到了我想要的东西，从此，我学会了说谎。以后，我又学会了打架、偷、抢，为了得到想要得到的东西，我不择手段。直到现在，我被送进监狱。

那位来自白宫的著名人士是这样写的：

小时候，有一天，妈妈拿来几个苹果，红红绿绿，大小不同。我和弟弟们都争着要大的，妈妈把那个最大最红的苹果举在手中，对我们说："这个苹果最大最红最好吃，谁都想要得到它。很好，现在，让我们来做个比赛，我把门前的草坪分成三块，你们三人一人一块，负责修剪好，谁干得最快最好，谁就有权得到大苹果！"我们三人比赛除草，结果，我赢得了那个最大的苹果。

我非常感谢母亲，她让我明白一个最简单也最重要的道理：要想得到最好的，就必须努力争第一。她一直都是这样教育我们，同时自己也是这样做的。在我们家里，你想要什么好东西都要通过比赛来赢得，这很公平，你想要什么、想要多少，就必须为此付出努力和代价！

小时候，妈妈给孩子灌输的是一种什么样的心态，他长大了便会用什么样的心态去对待身边的事与物，你也可以通过分苹果这样的小事，给孩子灌输一种积极诚实的心态。如果你对孩子撒谎睁一只眼，闭一只眼，不闻不问，听之任之，就会变成一种放纵，孩子会越说越厉害，直至走上邪路。

细节 18 好妈妈言出必行

优秀的母亲必须让孩子知道，要言出必行，说话算话。要教育孩子对别人讲信用、负责任，首先就要从自身做起，给孩子树立榜样，答应的事情就要做到。只有说话算话的母亲才能在孩子心目中树立起威信来。

苏梅有一次到一个英国朋友家去玩，这位英国朋友有个 3 岁的孩子，非要跟苏梅一块儿洗澡，苏梅就敷衍她：你先洗我一会儿就去。等这孩子洗完澡后，苏梅仍没有去，孩子哭了，说苏梅骗她。孩子的妈妈也跟苏梅急了：你怎么能骗孩子呢？你既然答应和孩子一块儿洗澡，就要跟她洗……

看了这个例子，你有何感想？想一想如果你是文中孩子的妈妈，你会怎么做？

许多时候，你是不是为了达到目的，随口哄哄孩子做出承诺，而后来也没有兑现？

苏梅的行为是中国众多妈妈的一个典型缩影。

有太多的家长在孩子面前言而无信。比如，孩子哭闹时，妈妈常用许诺来哄孩子："别哭了，回头妈妈给你买辆小汽车。"但妈妈并不兑现这轻易的许诺。孩子却信以为真，满怀希望地等待着，然而一次次的许诺都不过是"空头支票"，孩子的一次次希望都成泡影。这样下去，孩子不仅逐渐失去对妈妈的信任，也慢慢地学会了说谎。妈妈只有在孩子面前信守诺言，才能真正树立威信，同时也会给孩子良好的教育，影响孩子以后的言行。

遵守承诺为君子，诚信待人才显人品。一个信守自己承诺的人，是一个有人格魅力的人；而一个视承诺为儿戏的人，自然不会得到别人的信赖。在家教当中，我们要有意识地加强孩子信守承诺的认识，借以培养孩子的诚信品质。

然而，在现实生活当中，值得我们反思的是，许多家长并没有信守"承诺"的习惯。他们往往向孩子许下这样那样的承诺，但一转身就让其随风而逝，很少有兑现的时候。久而久之，孩子对父母的做法习以为常，也就不会去遵守自己许下的承诺。要知道，承诺是必须兑现的誓言，是不容随便变更的。在哄骗中长大的孩子，已不会对自己的承诺负责，也就常常做出违反诚信原则的事情。

> 有一个美国孩子，他父亲早逝。父亲去世时留下一堆债务。若按常规，欠债人已去，把他的商品拍卖分掉，债务差不多也就算了。但是这孩子一一拜访债主，希望他们宽限自己，并保证父亲留下的债务分文不少地还掉。后来这孩子果然历二十年之功，把父亲留下的债务，连本带息、分文不落地全还了。周围的人都非常感动，知道他是一个可靠之人，也就都非常愿意和他做生意。结果这孩子不但赢得了别人的合作，也赢得了他人的尊敬。

家长应教育孩子在答应别人之前，要慎重考虑自己有没有能力和把握做到，对不能做到的，就不要轻易答应；对比较有把握做到的，也应留有余地，不要大包大揽。

孔子说："言而无信，不知其可也。"言而有信，是做人最基本的道德要求，在培养男子汉的过程中，我们一再强调信守承诺的重要，值得每位妈妈去身体力行。

母亲对孩子必须言而有信、以诚相待，这样，孩子才会对母亲产生充分的信任感，也才愿意把自己的心里话告诉父母。母亲是孩子的镜子，也是孩子模仿的对象，也只有说话算话的母亲才能在子女心目中树立起威信来，才能避免孩子养成说谎的习惯。

建议一：孩子是妈妈的镜子

我们遇到过那种人见人爱的小孩，也见过惹人生气的小孩。有的孩子在你开口之前，就已经领会了你的用意，这样的孩子被认为是冰雪聪明的；有的孩子比较被动，有问才有答，但是有问必答，虽然有点羞怯，也不乏令人怜爱的气质；但是有的孩子，就完全不能或者不愿意配合他人，就像是封闭在自己的世界中的小动物，处处提防，充满攻击性。很多人将这样的区别归结为天性，就像双胞胎中有静如处子的，也有动如脱兔的。但事实上，这些不同的反应都在一个框架里，反映的是孩子的同一种能力，即人际交往智能。

人际交往是每个人必须要面对的现实。哈佛大学发展心理学家霍华德·加德纳指出，在社会活动中，人际交往智能的核心是留意他人差别的能力，特别是观察他人的情绪、性格、动机、意向的能力。人际交往智能使人能够了解他人，更好地与他人一起工作。这些属于非智力因素，取决于后天的培养与开发。儿童从一出生，就开始了与他人交往，随着年龄的发展，他们与人交往的意识不断增强，交往策略也不断丰富和恰当。

父母在儿童早期成长的过程中所进行的精心培养，将促进孩子在人际交往方面有良好的发展，为儿童将来走向社会、进行工作和学习打下坚实的基础。母亲在培养孩子与人相处的能力方面，发挥的影响尤为重大。

孩子从一出生，母亲就与他有亲密的接触，孩子在最初的触摸记忆和声音记忆都来自母亲，母亲是与孩子的身体和心灵靠得最近的人。等孩子长大以后，其他的孩子是否接纳他，关键在于他怎样去接纳别人，适应社会。而这种接纳他人的能力就是从模仿母亲开始的。一般来说，一个热情的孩子往往有一位温柔慈爱的母亲；一个性格古怪的孩子往往母亲的性格也比较古怪。没有母亲的孩子，则更是容易走上冷漠的极端。

当孩子做错了事情的时候，往往是母亲来给他安慰和鼓励；学校里发生的不愉快的事情，母亲也会耐心地倾听并关注孩子的情感。所有这些对母子来说，似乎都是理所当然的事情，但是如果发生在朋友之间，一方受到委屈，另一方会真诚地安慰他、设身处地地为他着想，就难能可贵了。如果一位母亲可以做到善意地倾听，让孩子体会到被尊重被珍视的快乐，孩子也就会模仿母亲的口气和神态，去分享他人的喜悲，这样的人是大家都会看中的朋友。

另外，孩子在与人相处的时候是否心态自如，也与他和母亲相处时候的心态有很大关系。能够与母亲随时进行有效的沟通，交流感情的人，从小会在表达和感情上比较明确、稳定，这也是决定他是否能与他人自如交流的关键。

建议二：做身体力行的好妈妈

妈妈带着儿子去动物园，路上看见地上有一份报纸。

儿子看着妈妈，不知道该不该去把它捡起来，扔进旁边的垃圾箱，但是妈妈仿佛没有看见一样地走过去了。就在儿子准备转身去捡的时候，妈妈说："现在的人怎么这么没素质，到处扔垃圾，不知道有多脏。"

到了公交站台，妈妈抱着儿子就往车上挤，排队等候的乘客们的目光都落在这对母子身上，妈妈浑然不觉似的说："别挤到孩子，谁给让个座来。"

这趟周末之旅给孩子留下的最深刻的印象，不是动物园里的小熊猫，而是第一次感受到那么多陌生人投来的法官一样的目光。家长和孩子一起外出游玩，本来是一件开心的事情，既可以促进感情，也能够让孩子接触到社会。但上面的家长不顾及最普通的社会公德，不讲究最起码的社会秩序，这对孩子的负面影响不可小觑。

一方面，家长的做法直接否定了孩子在学校学习的文明礼让、爱护卫生的观念，让孩子感到家长与老师之间的矛盾；另一方面，家长的言行让孩子感到羞愧，伤害了孩子的自尊心，也伤害了家长在孩子心目中的形象。

其实完全有一种"多赢"的方式来处理他们遇到的问题，那就是家长的以身作则。

看到地上有纸屑，还没脏到不能用手去捡的程度，妈妈说："有人不小心把报纸丢了，我们把它捡起来吧，要是太脏了就留给环卫师傅们打扫，像这种纸屑我们也可以动手。"说完，就牵着儿子的手，一起将报纸放在可回收的垃圾桶内。

看到很多人在排队，妈妈说："看来大家等很久了，很长的队。等会儿我们排队上车，如果没有座位了，我们就互相扶着站稳吧。"

用善意的方式来理解一些不文明的行为，可以让孩子感受到文明礼貌是社会最基本的秩序，从小养成好的习惯，也让孩子与家长一起参与到文明行动中来，感受到光荣和自豪。要知道，所有的美好品德，都以自尊心和羞耻感为基础，哪怕是很小的荣誉，也会让孩子更加向往得到更大的认可。

然而素质的培养，绝不止于社会公德的基本教育，它还包括孩子的世界观、价值观、人生观的培养，树立远大的理想、懂得谦虚和尊重他人、能够从小事做起……这些更加崇高和抽象的概念，要变成孩子生活中的一部分，除了让孩子去亲身体会，别无其他途径。这时候，就更需要父母的示范了。

孩子的精力其实是非常旺盛的，而且需要父母来调动积极性。如果父母和孩子站在一起，共同完成一件事情，孩子都是乐于接受的。如果仅仅停留在告诫和说教上，效果就不怎么明显了。

很多人都相信父母的素质决定了孩子的素质。的确，家长的水平高低对孩子有非常重要的作用，但是这个关系并不是建立在遗传上的，而是生活中的耳濡目染使然。

遗传对很多家长还是一个模糊不清的概念，当孩子身上有一些好的或者是坏的表现时，父母双方常常会拿"遗传"说事，甚至为争论是谁遗传给孩子坏习惯而伤害感情。

"遗传"是指父母的基因特征传给子女。遗传最直接、最显著的影响是对孩子生理上的影响，例如相貌、身体素质和家族遗传病等。对孩子的心理来说，遗传的影响力是非常有限的，心理遗传学在整个遗传学当中至今还没有形成系统，也就是说，还没有人能够十分肯定地说父母的素质、性格会遗传给孩子。但是几乎所有的遗传学者和教育学家都很明确地表示：家庭的氛围对孩子性格的形成有至关重要的作用，父母的言谈举止，直接影响着孩子的性格、习惯。

　　0～6岁是孩子整体素质形成的关键时期，既然遗传对男孩的心灵的影响是微乎其微的，父母不妨打起精神，用行动去培养未来的绅士。

细节 19　单亲妈妈怎样带男孩

　　现在，随着社会风气越来越开放，造就了新一代"敢爱敢恨敢离"的新新人类。很多人草率地结婚，同时也免不了草率地离婚。这样对感情的不负责，本是年轻爸爸妈妈们的错，但对于孩子来说，却是后患无穷。

　　那么，怎样做才能将对孩子的损失降低到最小？这是单亲妈妈们首先要考虑到的问题。

　　面对这样的事实，单亲妈妈首先要面对的是要不要和孩子说清楚离婚这件事情。是什么原因造成的家庭不完整？有没有必要向孩子讲述自己的不幸？有一点是肯定的，那就是孩子早晚有一天会长大，到了他长大的那天，他一定会想办法问清是什么原因导致的爸爸妈妈不能在一起。

　　明智的妈妈应该向孩子作出一个合理的解释，这样也有助于帮助孩子在日后来面对别人的询问，其实是有利于他的心理健康的。有一些孩子，因为自己是生活在单亲家庭中而受到同伴的嘲笑，始终都生活在阴影中，这种阴影会伴随他一生。

　　还有一点就是，单亲妈妈们一定要生活得美丽自信。千万不要抱怨自己的生活痛苦不堪，因为我们要晓得孩子比你还要更苦一些。我们生活得越是平静，越是自信，孩子的反应就会越少一些病态。

　　离婚之后，若是由母亲来抚养孩子，这就会涉及另一个问题。

很多母亲生怕自己的孩子与父亲见面之后会对自己冷淡，就千方百计地不想让自己的孩子与父亲见面。但是这样做弊端很大，扼杀亲情本来就是逆势而为，况且当孩子稍稍长大，懂得了自己是父母竞争的对象时，他很有可能会反过来利用这一点。

有些单亲妈妈认为，自己能够尽量挣更多的钱，最大限度地满足孩子的愿望，就是对孩子最大的补偿，其实这样的观念也有失偏颇。这样做的后果会使孩子变得自私、粗暴，也不会善加体会母亲的良苦用心。

妄想用孩子来充填自己空洞的生活，这是误区。因为早晚有一天，孩子会离你而去，你会独守空巢。总想把孩子拴在自己身边，实际上会破坏孩子的生活。

建议一：别在男孩面前老拿单亲说事

当女人经历了失败的婚姻之后，孩子往往就是妈妈们唯一的精神寄托了。作为母亲，可以自强自立，为孩子的健康成长提供良好的环境，我们可以尽自己的所能为孩子提供最温柔的关爱。尽管如此，现实的家庭是不完整的，孩子终有一天会提出这样的疑问，这只是一个时间问题。父爱的缺失会使孩子情感的天平发生倾斜，会使孩子的心灵产生阴影，这些后患在所难免。

为了孩子的健康成长和未来，单亲妈妈们大可不必将家庭不完整这件事情放在心上，而更应该乐观向上地对待每一天，妈妈的生活态度变得积极了，孩子才会受到感染。至于如何面对爸爸，妈妈们可以很坦诚地和孩子沟通："我们这样生活，你觉得不好吗？妈妈会更加爱你的。"用这样的语言来安孩子的心，无疑是最好的方法。在平时，我们还可以多鼓励孩子："妈妈想你一定是最棒的孩子，至少在妈妈眼里，你是最可爱的了。"

如果已经成为了单亲妈妈，那就尽心尽力来抚养好下一代吧，让孩子放心，自己永远都不会放弃他。至于如何来面对爸爸，我们完全可以大大方方地告诉孩子，现在这样的生活是最好的，不需要爸爸不也很好吗？

除此之外，单亲妈妈们还要做到以下两点：

第一，不要让孩子感受到你对他有愧疚感。处在这样的环境当中，孩子从小就生活得比常人更加辛苦，这是情理之中的事。所以作为单亲妈妈，难免会在心理上有愧疚感，觉得孩子生活得如此不幸，完全是因为自己的原因。有的妈妈会因此对孩子很溺爱，不管孩子提出什么样的要求，总是无条件答应，以弥补自己内心的愧疚。这样的做法对孩子将来的成长是非常不利的。

第二，千万不要培养孩子对父亲的敌对情绪。有的单亲妈妈将孩子作为自己发泄怨恨的工具，在孩子的面前数落父亲的种种罪状，这样的做法实在是太不明智了。明智的妈妈还是会在孩子面前维护住父亲的伟大形象，或者是对父亲不好的地方绝口不言。因为孩子有一天是要长大的，当他有一天了解到了母亲的心胸，他会发自内心地尊敬自己的母亲。况且，如果我们总是在孩子面前提到爸爸的种种不好，很容易让孩子在内心产生自卑情绪，同时这样的做法也将自己偏执、冷酷、自私、狭隘的性格缺陷暴露无遗了。

建议二：单亲妈妈怎样和男孩一起渡过失业难关

单亲妈妈最为担心的事情，莫过于失业了。她们在内心很害怕自己有一天会没有收入，和孩子一起衣食无着。家庭的日常开销看似简单，但是要真是细算一笔也是不小的数字。如果孩子身体不好需要经常去医院看病，或者没有一个固定的住所，那压力无疑是相当大的。更不要说给孩子创造一个更好的生活和学习条件，也更谈不上带着他去学习什么课外特长班之类的。

随着生活的成本日益增高，人们对于物质文化的需求水平也是水涨船高，单亲妈妈们难免会感到有些不堪重负。一个月的家庭开销，最基本的，也少不了伙食费用、日常用品费用、学习费用、通讯费用、交通费用、煤水电油气等各种能源使用费，另外有的家庭还需要租房子住。试想一下，单亲妈妈们要一个人挑起生活的重担，多么不容易啊。

作为妈妈，我们就要在心中打定主意，要和孩子一起勇敢地面对现状，战胜苦难。我们常说车到山前必有路，此路不通走彼路，上天怎么会有绝人之路呢？如果生活小富即安，那固然是好，但是如果现实的环境不允许，物质方面有些艰苦，那也无妨，一切的困难都是暂时的，在人生中总会有坎坷，但是没有迈不过去的坎。最可贵的是内心饱满，不管是否能赚到很多钱，却能够本本分分，不贪图不义之财，也不妄想走捷径不劳而获。能够生活得自信踏实，能够堂堂正正地做人，这一点就是给孩子最大的力量，相信在这样的环境中成长起来的孩子，即便是小的时候生活艰苦一点，但是他懂得自尊与努力，以后也会有出息的。

最后，还要提醒妈妈们的是，每天辛苦地上班拼搏，目的是为了养育好孩子，为了能够将一个破碎的家支撑起来。很多妈妈起早贪黑，容易忽略自己的身体健康，这就不可取了。真正懂得爱护孩子的妈妈，一定要先懂得爱护自己。

细节 20　妈妈常犯的错

英国的教育思想家洛克很早就提到过，家庭教育一定要慎重又慎重，不可以掉以轻心，他说："教育上的错误和配错了药一样，第一次弄错了，决不能指望用第二次和第三次去补救，它们的影响是终生清洗不掉的。"

生活中，有的男孩很懂礼貌，见到小区里的叔叔、阿姨总会热情地打招呼，而有的男孩总是不懂事，一会儿破坏公共设施，一会儿欺负比他小的小朋友，大人们见到他总会摇着头说："太调皮了！"有的男孩很积极，按时起床、按时完成作业、积极地预习，而有的男孩做事总是很拖拉，迟到、完不成作业……

同是几岁到十几岁的男孩，在这么小的年龄就出现了如此明显的差距，除了性格因素之外，还有哪些因素呢？

儿童心理学家指出，除去特殊情况，每个男孩的智力都是相当的，男孩之间因智力引起的差距并不是很大，相反，后天的教育因素，包括家庭的教育，在很大程度上决定了男孩子们的差距。

所以，妈妈们在教育男孩之前，确实有必要知道一些常识性的东西，至少应该知道，自己的教育方式是否正确，教育男孩时一定不要犯哪些错误。

建议一：保全了玩具，破坏了好奇心

妈妈们经常会遇到这样一些令人头疼的问题：男孩似乎特别具有破坏欲望，什么东西到了男孩手里，没一会儿就能把它大卸八块，弄得你哭笑不得。一些妈妈为了保护玩具，不许男孩任意摆弄玩具，更不许男孩拆卸。殊不知，这种做法是本末倒置的，只保护了玩具，却破坏了男孩的好奇心和探索精神。

创造精神一个明显的特征就是男孩们总拥有极强的好奇心，刚对世界有了一个最初认知的男孩，对一切都充满了好奇。

一个男孩的母亲，因男孩把她刚买回家的一块金表当新鲜玩具给拆坏了，就狠狠地揍了男孩一顿，并把这件事告诉了男孩的老师。不料，这位老师幽默地说："恐怕一个中国的'爱迪生'被你枪毙了。"这个母亲不解其意，老师就分析说："男孩的这种行为是创造力的一种表现，你不该打男孩，要解放男孩的双手，让他从小就有动手的机会。"这个老师就是著名的教育家叶圣陶。

男孩的生活里到处都充满着好奇，男孩在这些千奇百怪的想象里成长着、破坏着。作为父母，应该注意保护好男孩的好奇心，不可扼杀男孩的好奇心。

温帆是武汉科技大学电信系的大学生。在学校期间，他有四项发明获得了国家专利，"带打气筒的自行车""可以转换多种锤头的锤子"等都是他多维思考的产物。而他的父母亲从小就很注重培养他的多维思考能力。

在温帆很小的时候，有一次，父母花了两个月的工资买了台收音机。一天，妈妈下班回到家，忽然发现儿子把收音机拆了，于是便问："你怎么把收音机拆了？"

温帆说："阿姨在里面唱歌，我想看看阿姨在里面怎么唱歌的。"

妈妈一听，不仅没有生气，反而很高兴地对儿子说："你的想法真不错！阿姨在很远很远的地方唱歌，不管是天上、地下、海里，你都能听得见。这是为什么呢？你长大了就可以去探索这个！"

温帆的想象力和好奇心一直得到母亲的鼓励，他对无线电、电子、电波越来越感兴趣，上大学的时候就报考了电子信息专业，从某种意义上说这都是对他童年时期好奇心的回应。

还有一次，父亲在修自行车时让他当助手，对他说："跟我修这一次以后，下次就完全交给你自己修了。"

温帆很有体会地说："父母让我多动手做实验，多观察别人的做法。看得多了，在做同样事情的时候，我就能从多方面切入，想能不能做得更好，把它提高一个档次？于是，在搞发明创造时我便不断有新想法冒出来。"

能拆开玩具，说明男孩有好奇心，有求知的欲望，能自己去看待问题、研究问题。所有的母亲都希望自己的男孩能够成才，为了给男孩努力的方向，她们不惜花钱让男孩上各种各样的培训班，向男孩讲述成功人士的成长经历，希望借此找到男孩的成才之路。但他们或许不知道，可能仅仅是对男孩拆东西的批评，就可能改变其一生的命运。所以当妈妈的不能一味地批评，更不要扼杀男孩的好奇心，否则的话，就扼杀了将来的人才，因为生存的技巧就在于他们敢不敢去探索知识，去探索未来。

一位学者指出："人们只有在好奇心的引导下，才会去探索被表现所遮盖的事物的本来面貌。"好奇是铸就成功和杰出的最重要的因素。因为只有好奇心才能产生兴趣，只有感兴趣才能产生探索的欲望和动力。

所以，母亲要鼓励男孩永葆好奇心，有了好奇心才能不断去寻找想知道的答案，才能学到更多的知识，从而不断进步。

建议二：孩子的事全由保姆管

母亲并不是一个简单的称谓，也不再是传统意义上的喂孩子、洗衣服、打扫卫生……而是一种伟大而神圣的职业。母亲的教育很重要，母亲的工作不能由别人代替，孩子的教育必须由母亲承担。把自己的孩子委托给他人，只有人类这样做，其他的动物绝不会这样。

美国教育专家斯特娜夫人曾经说过，中国曾一度落后于其他国家是与中国人没有认识到妇女教育的必要有关的。过去，中国人认为妇女不应受教育，因此，多数妇女是文盲，也不进行家庭教育。

与这种说法不谋而合的是另一种说法，罗马之所以灭亡，就是由于罗马的母亲们把教育孩子的工作委托给了别人。这种说法虽然夸张了些，可是就像福禄培尔曾经说过的：国民的命运，与其说是操纵在掌权者手中，倒不如说是握在母亲的手中。

看看我们周围，孩子基本上没有时间和自己的母亲待在一起，因为许多年轻父母正在为生活的富裕而努力奔波赚钱。由于工作忙，把孩子的教育全部委托给孩子或是由爷爷、奶奶、姥姥、姥爷们看护，或是根本就没有自己的亲人照顾，只是由花钱雇来的保姆看护。在斯特娜看来，这样的妇女是不能称为母亲的。

大多数的家庭都不可能让母亲全职在家里教育孩子，但只要采取正确的方式，对孩子的照料虽然不一定样样都亲自动手，但对孩子的教育和平时的管教，母亲一定要承担起责任。正是出于这样的考虑，斯特娜夫人奉劝天下父母在孩子出生以后要慎用保姆。大多数保姆会对孩子说，不许做这个，不许做那个，因为她这样最省事。但这样一来，非但不能提高孩子的能力，反而会使之更加萎缩。并且，孩子在这样的保姆的抚养下成长，会形成各种不良习惯。

那么，我们怎样才能做一个好母亲呢？美国一家杂志曾经对读者做了一次问卷调查，问他们的母亲是如何教育他们的，问怎样才能做个好妈妈。下面是一些来信的摘录。

第一，读书是关键。

在我童年时，我记得母亲每天都读书给我听，并常常带我去图书馆。我清晰地记得我第一次读书给母亲听时，她的眼里带着泪花。在我有了儿子托尼后我也一直读书给他听——从他出生的那一天起，因为婴儿也爱听读书时那有节奏的声音。我的儿子托尼是一个好动的孩子，一会儿也坐不下来。但是在他两岁半时，他每天夜里都要带上20本书放在自己的床边。当他能够复述我给他讲的《棕熊》时，我的眼里也涌出了泪水。

第二，使用神奇的接触。

当妈妈同我聊天或是当我问她问题时，妈妈总是抚摸我的胳膊、手、肩和头，她时而将我额前的刘海梳梳，时而将我的头发拢在我的耳后。这些动作让我们这些孩子感到被珍视。现在我养育了两个孩子，当他们在我身边走过时，我都要去抚摸一下他们。

第三，不要抱怨。

我知道我父母比任何人都努力地工作，以养育我们和送我们上大学，但我从来没有听他们说过疲倦或是要我们给他们回报。

妈妈现在身体不太健康，但她从不把她的健康问题归咎于其他人。

第四，停止指手画脚的评论。

我母亲经常说："不要急于评论其他母亲是如何养育孩子的，免得在最后你发现也许你还没有她们做得好。"对一个家庭正确的东西对另一个家庭也许是行不通的。因为孩子们有不同的需要和不同的个性，家长也有不同的要求与习惯。只要不存在虐待与冷淡孩子，我们就不要去絮絮叨叨地评价别人家的教养方式。

第五，不要老是坐在电视机旁。

我母亲限制我看电视的时间和电视节目的种类。她常常说童年时光很珍贵，很美好，不要只坐在那"方盒子"前。因此我的童年不仅有电视卡通，还有野外早餐、攀登翠绿的山冈、玩耍和交谈。

现在我也是一个母亲了，我继承了这种很少看电视与录像的教养方式，结果是我和我的孩子们有更多的时间去阅读、唱歌、烹饪、交谈与去图书馆。我们家也更安静，没有电视吵吵闹闹的声音。我的孩子们被"强迫"通过看书读报去发展他们的想象力。

第六，充分享受两人品茶的欢乐。

和孩子一起饮茶的作用是相当大的。以前当我神情忧伤地从学校回到家，我妈妈总是沏上一壶茶，然后我们边喝边聊。我们在一起的时间没有电视的打扰。在这安静的时刻，我乐于说出心里的任何想法、看法，甚至小秘密。无论是她给我劝告还是只让我去诉说，这都能使我慢慢平静下来。我们现在还保持着这种方式：无论何时，当我看到妈妈有些神伤时，我都会沏上一壶热茶。现在每当我的两个女儿与我谈论她们的问题时，也都将有一壶好茶陪伴着我们。

第七，庆幸孩子们的差异。

我的母亲并不对我们强求一致，现在我试着对我的孩子做得更好一些。我母亲认为，每一个孩子都有独特的能力与兴趣，绝不能统一要求孩子们，应该让他们成为他们自己，帮助他们去发展他们的潜能——无论他们选择了什么道路。最重要的是，要记住平等并不意味着给你的孩子们绝对相同的东西，而是给每一个孩子他所需要的东西。

第四章　零吼叫养出 100％ 好男孩

——父母这样和男孩沟通最有效

细节21　不要在气头上和男孩说话

薛飞妈妈和客人正在客厅聊天，薛飞拿着试卷走上前来。"又考那么低！看看这分数！还好意思拿到我面前，真丢人！"妈妈抖着哗哗作响的试卷，像在寻求客人的同情。客人略显尴尬。

"看书去！怎么还不去！你真是笨得够呛！"

看着薛飞没有动静，妈妈更加生气："我说错了吗？他一直都这样，我看是改不了了！"

"我也不报什么希望了！"妈妈气愤失望的表情让薛飞无地自容。

有位客人说道："孩子小，一两次考得不好是正常的情况，别这么说孩子。"

面对客人的担忧，妈妈说："小孩子不说他就不懂，非得我来骂他两句！孩子就得经常说，要不就忘，你看上次我跟他老师提了一次他尿床的事，以后不是再也不尿了吗？6岁的孩子，说出来我都觉得丢人。"

母亲尚且觉得丢人，更何况是作为当事人的薛飞，不仅要忍受母亲的唠叨还要承受自己被当众揭短的难堪。

"你看看你，笨手笨脚还老忘东忘西的，上次打碎水杯，这次又丢了鞋。有哪件是好事啊？"面对一屋子的客人，妈妈的嗓门一点都不小。

对于孩子，家长们总是忘记一个事实：孩子和我们一样，也是个独立的个体，是一个和我们一样有着自尊的人。

先来设置一个场景，假如在公司的年终舞会上，有一个同事突然大庭广众之下笑说："你的舞怎么跳得这么差啊，就像是大象在扭动""你唱歌可真是难听"时，你是怎样的反应？实际上，你当众愤怒地揭孩子的短时，他和你此刻的感受是没有区别的。

其实任何人都会犯错，家长的不宽容让男孩日后也变得苛刻，对别人的要求也会多。当众揭短，男孩容易自卑，走不出家长对自己的描述和定位。

而且，因为家长一次又一次在气头上说的话，孩子认识世界的渠道发生了倾斜。在成长初期，孩子往往通过家长这个窗口来认识世界，来完成和巩固对自己的判断。家长的当众评价无形中对孩子认识世界造成了一定的错误指向，孩子会认为这个世界苛求完美，不会保护个体的尊严，在以后的生活中，孩子也极容易将此要求延续到和他人的交往中，甚至以后自己组建家庭后，他的家教模式也会受到严重的影响。

最后，孩子的小心灵也会惧怕赤裸地暴露在众人之前。爱孩子就真正为他着想，停下嘴中的不满，尤其在众人面前。当问题出现时，家长不妨寻求解决的办法，这样远比批评有效。明确地告诉他，他没有做好，他要为自己的过错负责，这样便在建立了孩子的责任意识的同时又转移了自己的愤怒。

伟大的教育家洛克说："父母越不宣扬子女的过错，则子女对自己的名誉就越看重，因而会更小心地维护别人对自己的好评。如果父母当众宣布他们的过失，使他们无地自容，他们越觉得自己的名誉已受到打击，维护自己名誉的心思也就越淡薄。"

在家庭教育中，教育者的心态和教育的出发点直接影响着教育结果，所以不要因为他是你的孩子，就在众人面前让他的缺点一览无余。或者因为无法掩饰你愤怒的情绪，就伤害孩子。孩子的自尊心有时是透明的玻璃物，碎了就很难复原，伤害也许是永远的。

其实，有的家长也明白孩子的自尊心非常敏感，不能伤害。但是有时候看到孩子还是老样子，就忍不住怒火攻心，恶语相向了。怎样避免这种情况？很简单，当你觉得自己在气头上的时候，忍住怒气，离开孩子。当你有意识地躲避孩子，就会少说很多令他伤心的话。这也是一个无可奈何的解决方法。

气头上的话，总会放大过去的小抱怨，爸爸妈妈们千万要管好自己的嘴巴。

建议一：别让孩子看到你就害怕

这天，在教育咨询中心工作的赵老师收到一封信，是一位妈妈写来的。赵老师打开信，上面写着：

"赵老师：

你好！

我和我爱人都是大学教师，可是儿子却让我头疼不已。他现在上初中了，可是总是说谎。这次期中考试结束后，我问他考得怎么样，他跟我说还行吧。后来成绩出来了，他告诉我考了全班第十名，听到这个消息我和他爸爸都很开心，因为他之前都一直都在 20 名左右徘徊。可是，后来我见到他的班主任才知道，原来他只考了全班第 40 名，比以往任何一次都考得差。

以前孩子说谎还有些不自在，现在经常编谎话骗我们，居然说得像真的，没事人似的。我没法理解，我那么用心地教育孩子，孩子怎么学会了撒谎呢。他考得不好我能原谅，可是我没法原谅他说谎骗人。"

类似这样的案例赵老师接到过很多。看完这位妈妈的信，赵老师心情也很沉重。他能理解这位妈妈的气愤，但是同时也很同情那个男孩子。因为这位妈妈只看到了孩子说谎骗人，却没有去细心体会孩子在那些日子内心所受的煎熬。

生活中，相信有很多妈妈都有类似的困惑，孩子说谎，他们不知道是哪里出了问题。很多妈妈以为是孩子品行不好，事实上，简单地将孩子说谎归咎于品行不好是错误的。因为，很多孩子说谎并不是因为品行不好，而是迫于父母的压力。

像上例中提到的那个男孩，他考试没考好，其实内心已经很痛苦了，有很大的压力，不知道如何向父母交代，而恰恰此时，母亲询问他的考试情况，为了不让母亲伤心，他只好编谎话来骗人。尽管他也知道，过不了多久，妈妈就会从老师那里知道自己的真实成绩，但是他却宁可撒谎也不愿意告诉妈妈自己的真实成绩。

这是为什么？因为孩子没有将妈妈当成不幸的分担者，孩子这样做，肯定是出于经验。相信在以往的生活中，一定是孩子一做错了事，总会遭到严厉的批评。于是，孩子为了逃避一时的批评而撒谎了。

生活中，很多妈妈习惯把儿童的品行问题归咎于孩子自身，所以习惯指责孩子；可是很少有人去反思自己的教育方式。事实上，孩子的品行习惯依赖于妈妈的教育方式。所以每一位妈妈在思考改变孩子的问题时，切入点永远应该是如何改变自己的教育方式。哪怕你认为孩子的毛病就是来自孩子自己，你也有责任通过改变你自己唤起孩子的改变。不这样思考，你就永远找不到改变孩子的路径。

当发现孩子说谎的时候，千万不要立即去教训孩子，此时，不妨冷静地坐下来想一想，孩子为什么会说谎，是因为自己给了孩子很大的压力？还是因为在以往的生活中，每次孩子犯错误都会遭到严厉的批评？抑或是不尊重孩子的想法，凡事要求孩子按照自己的意愿生活？……找到原因后再对症下药，这样才是解决问题的根本之道。

只有从根本上消除孩子的后顾之忧，才能让孩子远离谎言，生活在真实的世界里。

建议二：不要随意打断孩子的讲话

每个孩子都有自己的心声，家长一定要耐心去倾听，才能够真正了解孩子的想法、感受，亲子之间才能良好沟通，建立和谐的关系。

东东是小学三年级的学生，最近，老师发现东东变了，以前活泼开朗、上课积极发言的他，现在变得沉默寡言，总是一个人发呆，学习成绩也下降了。老师经过细心的了解，才知道了东东不爱说话的原因。

东东以前是个很活泼的孩子，每天放学回家后，都会把学校发生的趣事说给父母听，可东东的父亲是个对孩子要求非常严格的人，他把全部希望都寄托在东东身上，希望东东将来能考上大学，出人头地，因此，对东东的学习抓得越来越紧。他觉得东东说这些话都没用，简直是浪费时间，因此每当东东兴高采烈地说话时，父亲总是会打断他："整天只会说这些废话，一点用也没有，你把这心思放在学习上多好，快去做作业！"一次东东说班里发生的一件事，正说得兴高采烈时，父亲说："说了你多少次了，让你别说这些废话，你还说，再记不住，看我不打你！"吓得东东一个字也不敢说，回到自己房间里去了。

慢慢地，东东在家里话越来越少了，每天放学都闷在自己的房间里，因为父亲也不让他出去玩，渐渐地他的性格也就变了。

亲子之间的沟通交流是影响亲子关系、孩子性格发展的重要方面。许多家长都忽视了与男孩的交流，不注重倾听男孩的倾诉，时间久了，不良的影响就会表现出来。

男孩的想法得不到父母的重视，他们只能把自己的秘密埋藏在心里，做父母的就很难知道孩子的所思所想，这样对孩子的教育就会无所适从。男孩的说话权得不到父母的尊重，久而久之，孩子就会与父母产生对抗情绪，以至双方相互不信任，沟通困难。一份调查显示：70％～80％的儿童心理问题和家庭有关，特别是与父母对孩子的教育和交流沟通方式不当有关。另外，父母不让孩子把话说完，一方面不利于孩子语言表达能力的提高，另一方面也易使孩子产生自卑情绪。孩子对着父母诉说内心的感受，是提高表达能力、增强社会交往能力的极好机会。

孩子说话时，无论你有多忙，一定要用眼睛看着孩子，不要随意插嘴，尽量表现出你听得很有兴趣。让孩子发表他们的观点，完整地听他所讲的话，如果你在某一重要原则上表示不同意他的看法，应告诉他你不赞同他的什么观点，并说出理由。在提出反对意见时不要过于武断，不应否定一切。即使孩子是在胡说八道，也要控制你的火气，不妄下定论，直到完全理解清楚。

一位母亲问她5岁的儿子："假如妈妈和你一起出去玩时渴了，一时又找不到水，而你的小书包里恰巧有两个苹果，你会怎么做呢？"

儿子小嘴一张，奶声奶气地说："我会把每个苹果都咬一口。"

虽然儿子年纪尚小，不谙世事，但母亲对这样的回答，心里多少有点失落。她本想像别的父母一样，对孩子训斥一番，然后再教孩子该怎样做，可就在话即将出口的那一刻，她突然改变了主意。

母亲握住孩子的手，满脸笑容地问："宝贝，能告诉妈妈你为什么要这样做吗？"

儿子眨眨眼睛，满脸童真地说："因为……因为我想把最甜的一个留给妈妈！"

那一刻，母亲的眼里隐隐闪烁着泪花，她在为儿子的懂事而自豪，也在为自己给了儿子把话说完的机会而庆幸。

试想，如果母亲没有听完孩子的话就对孩子进行指责，将对一颗纯净的童心造成怎样的伤害？倾听是了解孩子最有效的途径，家长只有耐心地倾听孩子说话，才能看清孩子的内心世界。

此外，家长应该试着用不同方法使得孩子愿意与你交流。作为父母，在倾听孩子说话时，理应更加细心，更加富有同情心。父母应该努力地尊重孩子，从而营造出更加友好的交流氛围。

细节 22　训练男孩"不唯家长是听"

如果一个孩子从来不与人争辩，看上去总是一副与世无争的样子，那么这个孩子的勇气、进取心和正义感就很值得怀疑了。父母在教育孩子的时候，更要注重孩子是否以自己的观点来和父母进行争辩讨论，这样有利于判断孩子的独立思考、辩论的能力。

随着男孩年龄的增长，到了 3～4 岁时，其独立欲望明显增强。他们开始意识到自己的存在，不愿处处被人压制，不满足于模仿成人，而是要求独立思考，独立行动。如果父母对男孩照顾过多，干涉过多，就会使他们特别反感。其突出表现是不听指挥，自行其是，经常跟父母顶嘴，令父母头疼。随着年龄的增长，大概到了 7～8 岁，男孩和爸爸妈妈顶嘴的事就多了起来，到了 11～12 岁时，男孩几乎会天天和妈妈顶嘴。所以，如果不能够从一开始就很好地解决孩子顶嘴的问题，以后做父母的就会更加头疼了。

现在的男孩接受教育较早，看书看报多，接受知识多，他们的知识面比父母当年要宽得多。这直接的结果是判断是非的能力强了，要求独立的心理强了。还应该看到，顶嘴也是他们表达自己的判断的一种特定方式。男孩追求独立性，要加强自己判断是非的能力，这与男孩的"不良品行"是不能相提并论的。男孩表达自己的判断，不可能像大人那样圆滑和委婉。所以对男孩的顶嘴，家长不要一概斥之为不礼貌，不尊敬长辈，要区别对待。

心理学家认为："能够同父母进行争辩的孩子，在以后会比较自信，有创造力，也会更合群。"事实表明：争辩有利于思想的沟通。因此，孩子与父母争辩，父母不应怕面子，不要担心孩子不听话，不尊重你，与你为难。孩子也是讲道理的，你与孩子争辩，孩子觉得你讲道理，会打心眼里更加爱你、尊重你、信赖你。你要孩子做的事，他通过争辩弄明白了，更会心悦诚服地去做。

然而，中国的家庭教育更多的却是"听话"教育，"听话"是中国的父母对子女教育的口头禅。听话的孩子就是好孩子，这是中国传统教育下人们的一种共识，"听话"成了中国家长对孩子使用频率最高的两个字。

男孩小的时候，自理能力差，让孩子按大人的意愿去活动，避免出现危险，总用"听话"教育孩子无疑是对的。但是，男孩逐渐长大，自我意识逐渐加强，就不能总用"听话"两个字去进行教育了。

总是用"听话"两个字去教育男孩，势必在孩子的幼小心灵里灌输一种观念：大人的话、父母的话、老师的话都是对的，这在相当程度上限制了儿童质疑精神的发展，会使孩子形成唯唯诺诺的性格。

试想，如果一个男孩处处、事事都按父母的话去做，按照老师的话去做，而没有自己提问题的心理空间，这样培养出来的孩子能有创新意识吗？能有创新能力吗？父母应该允许争辩，不要介意孩子顶嘴，这看起来是管教态度，实际上是教育思想和理念的一种反映。

但是，如果孩子顶嘴习惯成自然，也不利于他的学习和成长，甚至会影响他长大成人后的人际关系。对于孩子的顶嘴，专家开出如下"药方"，"药方"的主旨是，要从父母自身做起：

第一，建立和谐的家庭氛围。如果家庭成员彼此间缺乏尊重，动辄脏话满嘴，或者互相说些"抬杠"的话，男孩一旦具备了一定理智水平，就会从心底不尊敬父母，顶嘴便成了家常便饭。家庭成员之间要相亲相爱，互相关怀，即使存在分歧，也尽量不要在孩子面前争吵，而是通过协商解决。

第二，尊重男孩要求独立的愿望。放手让男孩自己去干、去做、去想，父母尽可能为孩子提供活动机会，创造活动环境。不要一味地要求孩子按照成人的模式行动，当孩子有了一个与众不同的设想，做了一件从来未做过的事，父母应积极支持，及时赞许。

第三，引导男孩说理，为自己申辩。固执地要求孩子按照自己的要求去做而不顾及孩子的感受，这样孩子会感到很委屈。发扬家庭民主，给孩子更多的发言权，首先要允许孩子申辩，鼓励孩子申辩。既然你批评孩子，就应允许孩子有这种权力。这样的好处是让孩子感到无论做什么，有理才能站稳脚跟，对发展孩子个性很有利。

第四，培养男孩良好的性格品质。父母要教育孩子尊重长辈，启发男孩对别人的意见要多动脑筋，认真考虑后再讲话，以培养稳重、忠实，善于克制自己的良好的性格品质。

第五，注重与孩子的精神交流。每个孩子都渴望得到成人的理解，父母应学会经常听听孩子的意见，努力理解他们的感受，并用"我想……"来表达自己的意见和评价，使孩子感到父母的温存、抚爱，从而乐于接受父母的意见。

第六，父母的教育方式不能简单粗暴。父母教育男孩时，不要用命令的方式。如果只是发号施令和严厉训斥，孩子会暂时做出听话的样子，但他再稍大一些，则不会买父母的账，引发孩子的逆反心理和对抗情绪。

第七，批评教育男孩切忌唠叨。父母对男孩的不当言行，有责任作必要的提醒、忠告，乃至严肃的批评，但必须言简意赅，切忌一味重复，有的父母缺乏这方面的知识，说话抓不住重点，反反复复，唠唠叨叨，让孩子十分厌烦，这也是引起孩子顶嘴的原因之一。

建议一：父母要教会男孩有主见、会思考

刚上学的男孩还没有什么是非观念，看到有孩子打架，觉得很好玩，也跟着打了起来，回家的时候，身上脏兮兮的，脸上也破了一块皮，但是他觉得自己很勇敢。"你怎么啦？和别人打架了？"爸爸看到孩子进门，就问他。

"嗯，爸爸，我们有五个人一起打架，有两个人哭了，我没有哭。"孩子很天真地等待表扬，但是爸爸把脸一沉。

"那你多行呀！早上干干净净地出门，现在回来的确是像个收破烂的，你这样的孩子谁会喜欢？大家都喜欢干净文明的小孩。"

"不说脏话的孩子才招人喜欢。"

"听话的孩子人见人爱。"

你是否用"怎样怎样的孩子人见人爱"的理由来教育过孩子呢？孩子也许真的从此以后听话了，不骂人了，但是这样的改变真的值得骄傲么？

其实仔细想想，就会发现这样的教育是有漏洞的。用怎样才能讨人喜欢这种方式来教育男孩，最容易培养出一个迎合他人、没有自我的"小奴才"。男孩在很小的时候，没有什么主见，他的人生观等等容易被大人的话影响，如果家长总是在强调"讨人喜欢"，男孩就会为了得到别人的夸奖而卖弄、吹嘘等等。

也许，家长有时候并没有直接说"人见人爱"这样的话，但是他们的行为无疑鼓励了孩子讨好别人。在这种环境下成长，男孩

很容易变得不再天真，不再无忧无虑，而是充满了成人式的世俗和玩世不恭。

"你们老师有什么了不起的，他也就买得起个自行车！"这样的言语无意间向孩子传达一个信息：再读书再学习也是没用的，钱才是硬道理！

"孩子，你要是也能……那我们全家就出名了！""儿子，好好学习！将来当大官！"这样的话在我们的生活中是常见的，敢问，这些语言中有真正鼓励孩子的心灵的东西么？为了让家长高兴，让自己成名成家，这样的理由能带给生命多少滋润呢？

"你要是学习不好，就去当环卫工人去，一辈子也没什么出息。""你看你那同学又黑又瘦，长得不好，穿得多寒碜，家里估计也不怎么样！那个同学一看就知道穿的是名牌，啧啧，就是不一样！"慢慢地，孩子学会了挑剔，学会了攀比。

一颗果子要想甜美可口，就要自然成熟，我们有责任保护孩子不让他们被催熟，怎么做？很简单，意识到它的重要性，然后尽可能地避免给孩子灌输。对于这些世俗的社会现象，以健康的心态来引导孩子，比如给老师送礼，告诉孩子，这是为了向老师表达谢意，是对老师的尊重，而不是为了得到特别的照顾。比如，对孩子的同学给予客观积极的评价，在金钱名利、工作岗位等方面也给予正确的引导……爸爸的责任就体现在这些方面！

为什么现在有很多家长感慨，孩子渐渐成了小人精、小大人，他们懂得的东西与他们的年龄不相称，其实，这些都是家长在引导上的失职。爸爸是家庭的意见领袖，当孩子不讲卫生的时候，不要再说什么"别人不喜欢"这样的理由，你可以说"妈妈洗衣服很辛苦，她的劳动成果做父母的要珍惜；讲卫生才能健健康康，脏的容易携带病菌"，这些才是孩子做人需要学会的东西。

建议二：努力站在男孩的角度看问题

作为家长，我们应该懂得用孩子的眼睛来看世界，努力让自己通过孩子的视角让他们掌握基本的做人原则，并鼓励他们用这样的原则来理解大人。

深冬的早晨，在一个社区中心健身房外的走廊里，有个两岁的男孩突然大发脾气：他一下子趴到地上，又哭又叫，两脚乱踢，两手乱抓。而他的母亲就在他身旁却一句话都不说，她放下手里的包袱，先蹲下，再坐下，后来索性全身趴在地上，使她的头和儿子的头成了一个水平线，两个人的鼻子也碰在一起。走廊里来来往往的人很多，大家都小心地绕开他们，尽量不去注意他们；母子两个旁若无人地趴在那里好半天。最后，孩子脸上的愤怒慢慢消失，显露出平静，哭叫声变成了耳语，终于把哭红的小脸靠在地板上，他的妈妈也同样把脸靠在地板上。孩子看母亲，母亲就看孩子。最后孩子站起来，母亲也站起来。母亲拿起丢下的包袱，向孩子伸出手来。孩子抓住了母亲的手。两人一起走过了长长的走廊，到了停车场。母亲打开车门，把孩子放在儿童座上扣好，亲了一下他的额头。孩子的情绪已经变得非常安稳甜蜜。而在这整个过程中，当母亲的居然没有说一句话。在一旁一直跟踪观察他们的作者，简直要情不自禁地为这位母亲鼓掌！

这是旅美学者薛涌转述的育儿作家 Barbara F. Meltz 作品中的

故事，讲述的是发生在美国街头的一幕场景。母亲专心致志地趴在地上，仿佛要尽自己最大的努力从孩子的角度来理解他发脾气的原因。正是由于这近乎虔诚的努力，两个人建立了默契的沟通，孩子平静下来，而这位母亲自始至终没有说一句安慰孩子的话。也许你会感到很奇怪：既然母亲一句话都没有讲，是什么力量安抚了孩子原本不平静的脾气呢？

很多父母为自己的男孩感到头痛：孩子心里有秘密不会告诉你；孩子遇到了难过的事情不会找你诉说，甚至是孩子遇到了困难都不愿意找你来帮助。难道我们不爱自己的孩子吗？他们为什么对我们充满了敌意呢？你的至理名言，被孩子当成了耳旁风；你苦口婆心的唠叨，让孩子感到心烦意乱。作为家长，如果不懂得从孩子的角度来和他交流，那一定会使沟通出现重重的障碍。

与男孩交流，首先最重要的就是要懂得用孩子的眼睛来看世界。在日常的生活中，可能很多人都有这样的经验：当我们被人理解之后，内心就会感到温暖，处在这种情况下的人通常容易打开心扉畅所欲言。而当一个人感到自己不被人理解的时候，内心就会感到委屈孤独，什么都不愿意说，甚至是刻意疏远别人。成人都如此，更何况是孩子？我们在爱护男孩、在教育男孩的时候，也应该设身处地地把自己放在男孩的角度考虑他是否可以接受。

有一位妈妈，对自己的孩子很是头痛，因为她的孩子深深迷恋于游戏不能自拔。爱子心切的母亲每当看到孩子总会劈头盖脸地训斥一番，可是她不曾想过，孩子怎么会甘之如怡地接受她的责骂呢？虽然我们是出于对孩子的爱护，但是却不可能收到良好的效果，反而会加重孩子的逆反心理。

但是另一位妈妈就很懂得教育的艺术，她在教育男孩之前用心体会了男孩的心态，虽然对孩子沉迷于游戏的状况感到担忧，但是却用了让儿子可以亲近的方式，比如用孩子气的语言问儿子："你今天的手气怎么样？有没有破纪录？"通过这样的问法，我们可以轻松得知孩子现阶段对游戏的痴迷程度，而且不会让孩子有所警觉。结果，这个孩子兴致很高，说："我今天打到了 10000 分。"这位妈妈的问话传递出的信息并不是对游戏的厌恶，而是好奇，所以让孩子觉得家长对游戏也很感兴趣，因为你们对同样的事物感兴趣而愿意和你交流，只要愿意和你沟通，以后的说服就会变得容易很多。

因此，父母应尽量少用训斥或者是命令的口气来和男孩交流，而是应该在和男孩交流的时候俯身倾听。当父母试图努力让自己用孩子的角度来看问题的时候，孩子才会逐渐意识到应该学着用爸爸妈妈的眼光来理解世界，我们的价值观念，才得以传递给孩子。

细节 23 父母怎样说男孩才会听

家长希望男孩"怎么做",或"不要怎么做"时,都不宜采取强制方式。因为强制的结果,要么造成男孩被动心理和懦弱性格,遇事没有主见;要么使男孩产生逆反心理,脾气更犟,说什么都不听。

例如,当孩子看电视或小说正起劲而忘了已经到学习的时间时,或知道该学习了,但不想停下来时,一般不宜立即强制孩子停下来,马上去学习;更不能采取夺下小说,关掉电视等"强硬"的行为。因为这样做,孩子要么不愿意,和父母顶撞争吵,要么即使勉勉强强坐在了书桌旁,也不会专心。结果,既破坏了孩子的兴致,也没有使孩子安下心来学习,使孩子整个晚上烦躁气恼,一无所获,甚至到第二天情绪尚难平静。而没有好的情绪,不可能有好的效率,这样下去只能是一事无成。

其实在这种情况下你只需要轻轻提醒一句"该停了"或"到学习时间了",无需多说,随后就走开去办你自己的事,给孩子留下"自觉"的机会。往后,你越是相信他,他也就越是会遵守自己的承诺,会按时停下其他活动,及时地坐下来专心学习。

在此之后,明智的父母若想彻底改变男孩的不良习性及给予适当建议时,可以找个适当的时间和机会(例如在散步时),在轻松愉快的气氛下,给他讲明道理。说明一味凭兴趣,总任着性子干,成不了大事,建议孩子以后一定要以理智和意志支配自己的行动。这样孩子一般能愉快地做出"以后到时间，就去学习"的承诺。

家长们希望孩子能力强，首先应该在培养其自信心方面下工夫。在独生子女人格调查中，我们发现，家庭的教养方式对孩子的自信心影响很大。家庭教养方式主要有六种类型，即溺爱型、否定型、民主型、过分保护型、放任型、干涉型。其中，民主型家庭教养方式和否定型家庭教养方式对子女的自信心影响最大。一般来说，在民主型家庭中，家长们是孩子的朋友，他们经常和孩子商量事情，尊重孩子的想法和意见，经常给孩子表扬和鼓励。所以，孩子的自我接纳程度较高，相应地自信心、自尊感和成就欲望较强。而生活在否定型家庭中的孩子，家长经常打骂、批评孩子，对孩子的责罚多于赞扬，因此，孩子们的自信心相对较差，他们往往不相信自己的能力，总是甘居下游，对未来担忧，对前途充满恐惧。

因此，激发孩子天赋和潜力的重要做法是做民主的父母，对孩子采用民主型的教养方式。家长应尊重孩子，做事经常考虑孩子的想法和意愿，不把孩子当成"附属品"，而当成"独立人"看待。遇事和孩子商量、沟通，多对孩子说"这件事爸爸妈妈想听听你的意思"，"孩子，这是个严重的问题，咱们商量一下看怎么解决好"这一类商量的话。受到这样的"邀请"，孩子会非常开心。他在家中的地位得到了体现，他会从父母的重视中感受到一份尊重，也不再觉得父母高高在上，反而会有种亲近感。

商量的魅力在于，能使家庭关系变得和谐。商量，能使孩子得到大人的尊重，从而使孩子懂得尊重别人，并学会用商量的办法去对待父母和他人，避免冲突和对抗；商量，能使孩子学会从别人的角度来观察事情，思考问题，学会民主和平等、尊重和友谊。

家长在涉及孩子的问题上，尤其要和孩子商量，听一听孩子自己的意见，比如给孩子选什么才艺班、怎样花好零花钱、什么时间看电视、暑假时间怎么安排，怎么玩、去哪玩等，这些都关系到孩子生活能力、兴趣和爱好等的培养。如果不和孩子商量，独断专行，男孩容易产生逆反心理，或对学习丧失兴趣。

建议一：与男孩交流需要遵循"二八定律"

作为家长的你是否经历过这样的情况：当你拖着疲惫的身体，努力地打起精神，准备和儿子好好沟通沟通时，却不是被儿子三言两语打发了，就是被噎得半天回不过神来，不但不能达到了解孩子的目的，还惹了一肚子气，逐渐丧失了和孩子谈话的兴趣，以至于越来越不了解孩子，越来越不知道该怎样教育孩子。因此，家长一定要学会与孩子交谈的技巧。

1897 年，意大利经济学家帕累托偶然注意到英国人的财富和收益模式，他发现，社会上的大部分财富被少数人占有了，而且这一部分人口占总人口的比例与这些人所拥有的财富数量具有极不平衡的关系。于是，帕累托从大量具体的事实中归纳出一个简单而让人不可思议的结论，如果社会上 20% 的人占有社会 80% 的财富，那么可以推测，10% 的人占有了 65% 的财富，而 5% 的人则占有了社会 50% 的财富。这样，我们可以得到一个让很多人不愿意看到的结论：

一般情况下，我们付出的 80% 的努力，也就是绝大部分的努力，都没有创造收益和效果，或者是没有直接创造收益和效果。而我们 80% 的收获却仅仅来源于 20% 的努力，其他 80% 的付出只带来 20% 的成果。这就是"二八"法则。

显然，"二八"法则向我们揭示了这样一个道理，即投入与产出、努力与收获、原因与结果之间，普遍存在着不平衡关系。小部分的努力，可以获得大的收获。起关键作用的小部分，通常就能主宰整个组织的产出、盈亏和成败。

所以，我们做事情应该把自己的精力花在重要的少数问题上，因为解决这些重要的少数问题，你只需花 20％ 的时间，即可取得 80％ 的成效。而和孩子谈话，亦是如此。

家长和男孩能够顺利地交流思想，对于相互之间保持良好关系非常重要，家长都希望男孩能跟自己讲讲他们内心的感受，这样家长就可以理解和帮助他们。如果我们问家长："你经常与孩子交流吗？"

得到的回答常常是："当然啦，我们经常说可他一点也不听。"

其实，家长所谓的交谈，其中很大一部分是唠叨、批评、说教、哄骗、威胁、质问、评论、探察、奚落……这些做法不管出发点是多么好，都只会使相互间的关系更加紧张和充满敌意。试想，如果孩子是你的朋友，你总是板起面孔不管不问地说一大堆，你们的友谊还能维持多久？

家长们常常犯一个重要的错误，就是他们说得太多。他们过早地对孩子进行长篇大论式的谈话，并且还常用一些孩子听不懂的词。那些在孩子很小的时候就开始对他们讲大道理的妈妈发现，随着孩子年龄的增长，他们变得越来越不好管教。当他长到十几岁时，他的爸爸妈妈又试图用严厉的惩罚来对待他，但是已经听惯了大道理的孩子甚至比一般的孩子更不接受这种惩罚。

所以要根据孩子的年龄和成熟程度把握好谈话的"度"。美国著名的成功学大师在教导人们怎样对话的时候，建议我们把 80％ 的时间留给对方来发言，把剩下的 20％ 的时间拿来提一些能够启发对方说下去的问题。可以说，对话的过程重在倾听，父母们更是要懂得这个法则。

一般而言，最好对年龄小的孩子侧重管教，而对大孩子则多交谈。例如，告诉 2 岁的孩子电源是危险的所以不能碰，就不如把他的手一把拉开并严厉地说"不能碰"，这样更能使他立即理解你的意思。

可是，如果你不对一个 13 岁的偷偷抽烟的孩子详细解释尼古丁的害处，而是简单地责罚他，便不能收到好的效果。在这些男孩的世界中，他们需要大量的空间去表达自己、需要耐心的听众，爸爸妈妈们应多多倾听，让他们说出自己的想法，并且及时解答他们的疑惑。这就像大禹治水，重在疏导，而不是想办法用东西堵塞。

建议二：千万别当唠唠叨叨的家长

小乐早晨喝完牛奶，就在手上抛着空盒子玩，结果一不小心把空奶盒从窗户扔了出去，正巧打到了楼下的一位阿姨。

"谁这么没素质啊，乱扔东西，哟，里面还有牛奶呢！脏了吧唧的……"

小乐一下子意识到自己闯祸了，蹲在窗户边上不敢出声。在一旁的爸爸觉得这是一个很好的教育机会，马上斥责孩子："你知道这种行为的严重后果吗？"

"爸爸，我错了，我以后再也不往楼下扔东西了！"小乐眼里的泪水已在打转。

"幸亏你扔的是纸盒，如果是铁盒、砖块呢？还不把人家脑袋砸破？万一砸出人命来怎么办？人人都往楼下扔东西，这个小区还能住人么？"

"爸爸，我不是故意的，我正在……"

"大人说话的时候，你哪来这么多借口？越来越没有规矩了。"

"你自己犯了错误，不知道主动道歉，却躲在这里，我平时是怎么教育你的?"

……

爸爸连连质问、斥责，由纸盒到铁盒到砖块到人命开始，说了一大堆，越说越严重，越说越玄乎，似乎还不满足，仍想继续"发挥"，但这时，孩子变得充耳不闻，表情淡漠了。

经常有家长抱怨，说孩子不听话，一件事讲好几遍也听不进去，讲多了，孩子又嫌自己烦。其实家长应从自身找原因，唠叨的家长往往是缺乏自信、性格软弱的人，对自己讲过的话、做过的事不放心，才会一遍遍地重复。男孩生长在这样唠叨的环境中，很难形成良好的个性。

有位老师，问过孩子们这样一个问题："你们最喜欢什么样的爸爸妈妈?"结果比较集中的回答是：

"平时不多唠叨，而当我心里有事时，他们——"

"说得上话!"

"救得了急!"

"解得了闷!"

……

家长在教育孩子的过程中，的确需要讲究"语言艺术"，唠唠叨叨只会给孩子带来厌烦的情绪。

孩子犯错误后，你还念念不忘地时常唠唠叨叨?

当孩子想要与你交流时，你是否依旧自顾自地说，而不在意孩子的沟通意念?

唠叨并不只是一再地重复要求，即使你加了"请"这个字，还是充满了命令的意味。一个不停地嗡嗡作响的警报器是每个人都想关闭的。

男孩不会主动穿衣服、洗澡、做功课、做家务、使用电话、吃饭、打扫、练习诸如此类的事情，家长要有耐心去教导他们，但是有的家长常会唠唠叨叨的。假如你认为有必要重复地说，那就要改变唠叨的语气，换成提醒的口吻。唠叨让人很厌烦，易招致怒气，提醒的语气听起来则有帮助的意味，表示你和孩子站在同一边。

避免唠叨还要切实地提供男孩自由选择的空间。"记住在晚餐前将你的房间清理干净。"这样的说法能给予你的孩子喘息的空间，尽可能不要经常要求男孩立即做某件事，没有人会对俯冲的轰炸机有正面回应的。

没有人喜欢被控制，也没有人喜欢人家告诉他应该怎么做，特别是如果这个"吩咐"并不有趣。家长越逼迫，孩子就越抗拒，不管他年纪多大，但这并不仅是因为他不想做。持续不断的叨念只会升高家长和孩子之间的温度，制造挑战。谁要让步？谁会赢？

还有一点相当重要，家长必须要注意，那就是男孩想要亲近你又不要太依赖你的持续内心交战。"唠叨"刚好就给了他推开你的机会，但这是不好的开场。而尽可能在降低冲突的气氛下帮助你的孩子学会独立，给孩子一些喘息的空间，让他感觉自己有选择权会相当有帮助的。

总之，在这个问题上应注意以下几点：

1. 别只盯着孩子的缺点。

2. 批评的话不宜多。

3. 注意和孩子的情感交流。

另外，父母对孩子讲话也要经过大脑过滤，要讲在点子上，不要信口开河。说出去的话、下达的命令要算数，不能出尔反尔。

建议三：不要直接说教，可以将道理藏在故事里

现在的市面上出现了很多亲子阅读的书籍，虽然质量上参差不齐，但都说明了一个问题：人们越来越在意和孩子之间的互动了。因为给孩子讲点什么，它的意义已经远远超过了教育，而是一种爱的表达。与孩子一起读书，是在帮他整理出发前的行囊，也是在给他储存生活所需要的爱和安抚。

无论是在客厅、公车上还是在孩子的书桌前，打开一本书，父母就变成了最好的老师和朋友，而孩子是唯一的听众，父母和孩子一起，开始了一段充满爱和乐趣的学习旅程。这时候，如果能讲点对他今后有帮助的东西，就更是锦上添花了。所以，很多父母都选择给男孩讲点"有意义"的东西，什么四书五经、人文常识，这些东西如果能被孩子吸收，当然是很好的事情，但是如果父母不懂得讲故事的技巧，以读书的语速和情绪去和孩子一起阅读，未必能达到应有的效果。

最好的选择是，能够和孩子讲点你过去的故事，或者你们的亲人过去的故事。

家长对自己童年的回忆，能拉近自己和孩子的距离，很多爸爸小时候都有"英勇事迹"，其实大可以拿出来和孩子分享，既是在增添一份欢乐，又是在让孩子了解一家人相亲相爱的感觉。当家庭聚会的时候，常常听到爷爷们以这句话开头："我们祖上有一个状元，他……"一家人会一再地讲起当年的故事，这些东西，就像一个家庭的"精神遗产"，是别的东西无法替代的。

同样的，孩子人生中要明白的很多道理，也可以用故事的方式讲给孩子听。比如说讲到放下嫉妒心的时候，可以用寓言故事里《孔雀与夜莺》的故事；讲到人的本性应该善良的时候，可以引

用王尔德的《星孩》的故事……哪怕是爸爸们即兴编造的一个故事，只要情节精彩，对孩子照样有启发性和吸引力。

这里可以推荐爸爸们去读一读著名的寓言、童话和经典名著，这当然是为了孩子，也是为了提高自己。其实，好的儿童读物，成年人也可以读出一番自己的道理来。

没有孩子会拒绝一个好故事，有时候一个精彩的故事，其营养胜过一本枯燥的励志书。只有当孩子们带着快乐的心情去聆听的时候，他才能真正地融入到故事中，吸收其中有益的养分。

细节 24　父母不能对男孩说的话

　　现实生活中，大多数父母都喜欢在男孩面前唠叨一些话，如"你只管好好学习就行了"、"家务事不用你操心"、"别和那些成绩差的孩子玩"、"你比谁都聪明，就是不认真刻苦"……仔细分析一下，父母家长的这些话对吗？就拿"你比谁都聪明，就是不认真刻苦"这句话来说，显然不对。

　　真正的学习是轻松的，轻松地学习才会有快乐，同时，轻松地学习，也会使我们的学习效率更高，学习效果更好。也只有在轻松的状态下学习才能不被学习所奴役，才能发现学习的兴趣。

　　家长在督促孩子学习的时候，要让孩子学会一种轻松学习的态度，而不要硬逼着孩子去多么努力刻苦地学习，更不要给孩子讲什么"凿壁借光"之类过时的故事。养成轻松学习的习惯，才能使孩子的学习状态发挥到最好。

　　首先，轻松学习需要劳逸结合，合理安排时间。

　　心理学专家认为，每天要有充足的睡眠时间：初中生为 9 小时，高中生为 8 小时。为了更好地学习，每天至少要保证 8 小时的睡眠时间才能有充足的精力高效率地学习。

　　一个人的精力如同一根弹簧，你如果在它的弹性限度内拉开它，手一松，就会弹回去，恢复原来的状态。但假如你无限度地拉，超出了弹簧的弹性限度，当你再松手的时候，它就不会再恢复原状了。

如果你的孩子睡眠不足，每天超负荷学习，就好似超过"弹性限度"，时间长了，必定影响身体健康。同时，由于大脑连续工作时间过长，会疲劳不堪，从而感到学习很累，轻松更无从谈起，学习效率也会大大降低。我们的大脑每天都处在兴奋和抑制的交替进行状态，即学习时大脑皮层兴奋，随着学习的进行，兴奋逐渐减弱，并出现抑制，这就需要使大脑得到休息。

如果你的孩子在学习时感觉到很累，最好让他小睡片刻，这样精神就会很好，因为这时睡觉会马上进入梦乡，所以睡眠质量很高，可以马上补足精神，精神补足后，学习效率就会提高，学习也变得相对轻松起来。

要让孩子养成学习中途休息不超过10分钟的习惯，因为超过10分钟，会较难收心。中午时分，如果能小睡一下，下午和晚上都会更有精神。体育锻炼是休息的最佳方式，这是一种积极的休息方法，对提高学习效率非常有帮助。事实上，只有做到劳逸结合，学习才会变得轻松起来。

其次，轻松学习也要适合自己的个性。在学习中，每个人的个性各有其优势，不必羡慕别人，别人的方法也未必适合你。

再次，轻松学习需要培养自己的记忆力。许多家长认为，人的记忆力是天生的，无法培养。事实上，这种说法是错误的。没有一个人在生下来的时候就认识他的妈妈。他之所以能够认识自己的妈妈，是因为妈妈经常和他在一起。因此，人记忆力的好坏不仅与遗传因素有关，更重要的是和记忆的条件、记忆的方法有关。许多父母以为孩子记忆力不佳是资质比较愚钝，其实不然，大多数孩子记忆力差，是因为没有掌握记忆的规律，缺乏正确的记忆方法。只要我们有意识、有目的地加以培养，任何健康的孩子都是能够提高记忆力的，高效的记忆会提高学生的成绩。

最后，轻松的学习需要从压力中走出来。当自己的孩子感觉到学习压力大时，让他们自己彻底放松一下，从学习的压力中走出来。这时，可以听听音乐、做做运动，也可以出去散散步。

建议一："你只管好好学习就行了"

勤奋的人未必成功，在学习上尤为如此。很多家长主张孩子学习时间越长越好，认为学习时间越长，熬夜熬得越晚说明孩子越勤奋，学的知识就很多。事实上这是错误的，学习好的学生不一定就是学习时间长的或者经常熬夜的学生，学习成绩的好坏跟学习时间有一定的关系，但是这种关系不是绝对的，因为有个效率的因素在里面。

教育学家们更注重的是如何提高孩子的学习效率，而不是强调孩子长时间地学习或者"开夜车"学习。

因此，学习效率是决定学习成绩的重要因素。学习效率的提高，在很大程度上取决于学习之外的其他因素，如人的体质、心境、状态等诸多因素，这些都是与学习效率密切相关的。并不是说让孩子每天除了学习其他的事情一概不做就能够使他的学业进步，效率才是提高学习成绩的关键。

那么，我们如何引导孩子提高自己的学习效率呢？

首先，一定要孩子自信。很多的科学研究都证明，人的潜力是很大的，但大多数人并没有有效地开发这种潜力，这其中，人的自信力是很重要的一个方面。无论何时何地，孩子做任何事情，有了这种自信力，就有了一种必胜的信念，而且能使他们很快就摆脱失败的阴影。相反，一个人如果失掉了自信，那他就会一事无成，而且很容易陷入永远的自卑之中。

其次，教育孩子学习的时候注意力要集中。学习的过程，应当是用脑思考的过程，无论是用眼睛看，用口读，或者用手抄写，都是作为辅助用脑的手段，关键还在于用脑子去想。举一个很浅显的例子，比如说记单词，如果你的孩子只是随意地浏览或漫无目的地抄写，也许要很多遍才能记住，而且不容易记牢，而如果他们能充分发挥自己的想象力，运用联想的方法去记忆，往往可以记得很快，而且不容易遗忘。现在很多书上介绍的英语单词快速记忆的方法，也都是强调用脑筋联想的作用。可见，如果能做到集中精力，发挥脑的潜力，一定可以大大提高学习的效果。

再次，要孩子保持良好的情绪。孩子在精神饱满而且情绪高涨的情况下学习就会感到很轻松，学得也很快，其实这正是他们学习效率高的时候。因此，保持自我情绪的良好是十分重要的。

此外，要提高学习效率，我们还应尽量要求孩子做到以下几点：

1. 每天保证 8 小时睡眠

晚上不要熬夜，定时就寝。中午坚持午睡。充足的睡眠、饱满的精神是提高效率的基本要求。

2. 坚持体育锻炼

身体是"学习"的本钱。没有一个好的身体，再大的能耐也无法发挥。因而，学习再繁忙，也不可忽视放松锻炼。有的同学为了学习而忽视锻炼，身体越来越弱，学习越来越感到力不从心，这样怎么能提高学习效率呢？

3. 主动学习

只有积极主动地学习，才能感受到其中的乐趣，才能对学习越发有兴趣。有了兴趣，效率就会在不知不觉中得到提高。有的学生基础不好，学习过程中老是有不懂的问题，又羞于向人请教，结果是郁郁寡欢，心不在焉，提高学习效率更是无从谈起。这时，唯一的方法是，向人请教，不懂的地方一定要弄懂，一点一滴地积累，才能进步。如此，才能逐步地提高效率。

4. 注意整理

学习过程中，把各科课本、作业和资料有规律地放在一起。待用时，一看便知在哪里。而有的学生查阅某本书时，东找西翻，不见踪影。时间就在忙碌而焦急的寻找中溜走。没有条理的学生不会学得很好。

建议二："少和那些成绩差的孩子一起玩"

中国有句老话说"近朱者赤，近墨者黑"，言简意赅地点明了环境对于一个孩子成长的重要性。很多家长将这句话照搬过来，并且奉为信条，对孩子的朋友限制得很严格。

一位家长中午回家，打开家门，发现上小学五年级的儿子正和两个同学"大吃大喝"，碗筷摆了一桌。儿子见妈妈回来了，忙站起来，叫了声："妈!"她没应声，两个同学站了起来，叫了声："阿姨，您回来啦!"这位家长非常不满意，对这些孩子训斥道："你们几个人的成绩在班上的排名都不算靠前，聚在一起不知道多讨论学习，反而在这里浪费时间，大吃大喝，一点出息都没有。"到了晚上，孩子回到家，情绪显得十分低落。尽管父母轮番相劝，孩子还是滴水未进，而且一连几天食欲大减，情绪低落，打不起精神，没有笑容。

父母尊重孩子的小伙伴就是尊重孩子自己，他会在我们的尊重中得到欣慰和心理的满足，同时也会得到同伴的认可和接纳。如果我们因为孩子的同伴学习成绩不好而加以嫌弃，那么他幼小的心灵中会留下阴影和创伤，在朋友中会遭到嘲笑和冷落，很有可能我们这些不利的言行会影响到孩子的朋友圈。

孩子的小伙伴到家里来，这是再正常不过的事情了。从做父母的观点来说，到家中来玩的同学中必然有较受欢迎的和不受欢迎的。若是能和自己的孩子安安静静做功课的同学，就是受欢迎的小客人；如果在进入别人家的时候，只知任意嬉戏的同学，则被列入不受欢迎的名单中。

但是，当父母发现自己的孩子与那些学习成绩不好的孩子玩得很好的时候，千万不要对孩子加以指责，而是要合理地引导孩子，希望孩子能够取其长处，避其短处，既能够帮助自己的小伙伴，同时又能让自己保持上进。

帮助别人就是帮助自己，在孩子的学习问题上，这句话具有深刻的含义。

首先，当孩子主动地帮助其他同学的时候，他的大脑处于学习的最佳境界，因为，他一定会努力像老师那样积极地思考问题，我们通常说"要教给别人一杯，自己得先有一桶"，为了能帮助同学，孩子在心理上就会为自己提出更高的要求，这样一来，对于知识的掌握和理解就很容易超出自己原来的水平。

其次，当孩子无私地帮其他同学的时候，心中是自豪的、宽容的，当他全身心投入的时候，无形之中锻炼了自己的自信心，对于下一步的学习，就会更加充满热情和活力，因为他学习的价值在帮助别人的时候得到了充分的展现。

可见，只要是家长用恰当的方式对孩子进行积极的引导，孩子是不会变坏的。家长观察孩子的朋友，不要总是一味地以学习成绩来衡量，而应该综合多方面来考虑，如果孩子的朋友是一位成绩一般，但是见识广博、有想法，或者品德很高尚，那或许也会成为孩子难得的挚友，孔子说过："益者三友：友直、友谅、友多闻。"并不是说所有成绩好的孩子都值得成为朋友。